大人《おとな》も知《し》らない？

続々《ぞくぞく》ふしぎ現象《げんしょう》事典《じてん》

「ふしぎ現象」研究会／編
大田垣晴子／イラスト

MICRO MAGAZINE

はじめに

普段《ふだん》、何気《なにげ》なく体験《たいけん》している現象《げんしょう》にも名前《なまえ》があることを紹介《しょうかい》する『ふしぎ現象事典《げんしょうじてん》』ですが、既刊《きかん》の2冊《さつ》が大好評《だいこうひょう》だったので、ついに第《だい》3弾《だん》も出《だ》すことができました！　本《ほん》シリーズのファンの皆《みな》さんに、本当《ほんとう》に感謝《かんしゃ》です！

「こんな現象《げんしょう》を体験《たいけん》しているのは自分《じぶん》だけじゃなかったんだ」と、ちょっとホッとするものから、「もしかしたら周《まわ》りに迷惑《めいわく》をかけているかも……」と、自分《じぶん》の行動《こうどう》を省《かえり》みるものまで——今回《こんかい》も56個《こ》の現象《げんしょう》を集《あつ》めました。

「ふしぎ現象《げんしょう》」研究会《けんきゅうかい》でも「まさか、こんな現象《げんしょう》にも名前《なまえ》があったなんて……」という驚《おどろ》きが、本書《ほんしょ》でもたくさんありました。また、その現象《げんしょう》を体験《たいけん》しているのが日本人《にほんじん》だけでなく、世界中《せかいじゅう》の人々《ひとびと》なんだとわかるのが、現象名《げんしょうめい》に海外《かいがい》の学者《がくしゃ》の名前《なまえ》が付《つ》いていたりする場合《ばあい》です。「ふしぎ現象《げんしょう》」には国境《こっきょう》がないというのがわかって、ワクワクします。

皆《みな》さんも「これって自分《じぶん》だけ？」と思《おも》っている現《げん》象《しょう》があれば、試《ため》しに調《しら》べてみてください。結構《けっこう》、名《な》前《まえ》が付《つ》いていたりして面白《おもしろ》いですよ。それでも、もし名前《なまえ》のない現象《げんしょう》を見《み》つけたら……それは、その現《げん》象《しょう》にあなたの名前《なまえ》を付《つ》けられるチャンスです！

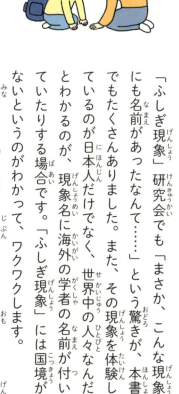

もくじ

1章《しょう》 人間《にんげん》のふしぎ編《へん》……7

チッ
チッ
チッ

4章《しょう》 自然《しぜん》・動物《どうぶつ》のふしぎ編《へん》……87

5章《しょう》 世《よ》の中《なか》のふしぎ編《へん》……105

1章《しょう》

人間《にんげん》のふしぎ編《へん》

続々《ぞくぞく》 大人《おとな》も知《し》らない？ ふしぎ現象《げんしょう》

1

親《おや》に、自分《じぶん》のウソがほぼ、ばれてしまう

ナンデ？

それは…

ピノキオ効果《こうか》

『ピノキオ』の物語《ものがたり》に、ウソをつくと鼻《はな》が伸《の》びるエピソードがあります。私《わたし》たちはウソをついた時《とき》、不安《ふあん》や恐《きょう》怖《ふ》を感《かん》じて汗《あせ》をかいたり心拍数《しんぱくすう》が速《はや》くなることがあります。「鼻《はな》の体温《たいおん》が上《あ》がる」というのもその中《なか》の一《ひと》つ。話《はな》している時《とき》に「鼻《はな》を触《さわ》る」行為《こうい》はウソを見抜《みぬ》く手《て》がかりとされ、それを「ピノキオ効果《こうか》」といいます。ただ体《からだ》の反応《はんのう》には個人差《こじんさ》があるので、この現象《げんしょう》で確実《かくじつ》にウソを見抜《みぬ》けるわけではありません。

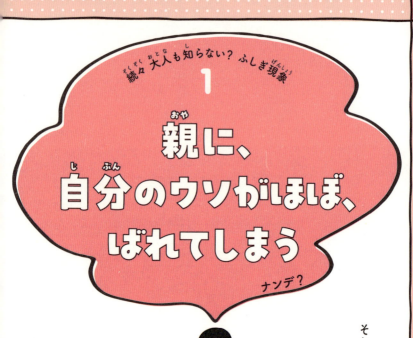

ふしぎ現象《げんしょう》コラム

グラナダ大学《だいがく》のミラン博士《はかせ》たちがサーモグラフィーを応用《おうよう》したウソ発見器《はっけんき》を開発《かいはつ》して調《しら》べたところ、ウソをついた人《ひと》の鼻《はな》は、実《じつ》は縮《ちぢ》むことを発見《はっけん》しました。この現象《げんしょう》を「逆《ぎゃく》ピノキオ効果《こうか》」といいます。

続々《ぞくぞく》大人《おとな》も知《し》らない？ ふしぎ現象《げんしょう》

2

自分《じぶん》にとっては思《おも》い出《で》の物《もの》なのに、お母《かあ》さんはゴミだと言《い》って捨《す》てようとする

ナンデ？

それは…

保有効果《ほゆうこうか》

自分《じぶん》が持《も》っている物《もの》に価値《かち》を感《かん》じ、手放《てばな》すのに抵抗《ていこう》が生《う》まれることを行動経済学《こうどうけいざいがく》で「保有効果《ほゆうこうか》」といいます。得《え》る嬉《うれ》しさより、失《うしな》う悲《かな》しさの方《ほう》が大《おお》きく感《かん》じられるのです。動画配信《どうがはいしん》サービスの「1カ月間無料《かげつかんむりょう》キャンペーン」などはこの効果《こうか》を狙《ねら》っています。物《もの》は大切《たいせつ》にするべきですが、それでおうちが狭《せま》くなると家族《かぞく》が困《こま》ります。写真《しゃしん》や動画《どうが》で記録《きろく》して、「物《もの》」ではなく「思《おも》い出《で》」として残《のこ》す方法《ほうほう》も考《かんが》えてみては？

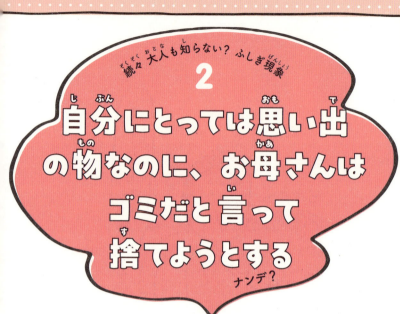

はじめてのガム

ふしぎ現象《げんしょう》コラム

この現象《げんしょう》は古《ふる》くから知《し》られていましたが、論文《ろんぶん》になったのは1980年《ねん》。アメリカの経済学者《けいざいがくしゃ》セイラーが初《はじ》めて提唱《ていしょう》しました。別名《べつめい》「授《さず》かり効果《こうか》」ともいいます。

続々《ぞくぞく》大人《おとな》も知《し》らない？ ふしぎ現象《げんしょう》

3

話《はな》すタイミングや行動《こうどう》がシンクロする友《とも》だちがいる

ナンデ？

それは…

シンクロニー現象《げんしょう》

友《とも》だちや家族《かぞく》で、しゃべり方《かた》やしぐさが似《に》てくることを心理学《しんりがく》で「シンクロニー（同調《どうちょう》）現象《げんしょう》」といいます。これは相手《あいて》との心《こころ》の距離《きょり》が近《ちか》いと起《お》きる現象《げんしょう》で、赤《あか》ちゃんと親《おや》がコミュニケーションを取《と》る場面《ばめん》でも見《み》られます。「似《に》た者夫婦《ものふうふ》」という言葉《ことば》がありますが、信頼関係《しんらいかんけい》が強《つよ》いほど夫《ふう》婦《ふ》は似《に》てくるそうです。これは相手《あいて》との良好《りょうこう》な関係《かんけい》を続《つづ》けたいという思《おも》いが表《あらわ》れた無意識《むいしき》の行動《こうどう》なので、その友《とも》だちとは長続《ながつづ》きするでしょう。

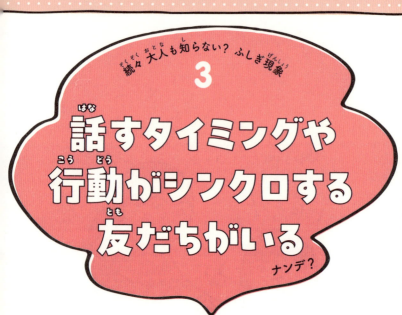

ふしぎ現象《げんしょう》コラム

「シンクロニー現象《げんしょう》」を意識《いしき》して行《おこな》うと、相手《あいて》から好意《こうい》を持《も》たれやすいとの実験結果《じっけんけっか》があるようです。ただし、相手《あいて》に「真似《まね》されている」と気《き》づかれたら逆効果《ぎゃくこうか》になることも……。

続々《ぞくぞく》 大人《おとな》も知《し》らない? ふしぎ現象《げんしょう》

4

転校《てんこう》した友《とも》だちとよく連絡《れんらく》を取《と》り合《あ》うようになって、前《まえ》より仲良《なかよ》しになった気《き》がする

ナンデ?

それは…

ロミオとジュリエット効果《こうか》

『ロミオとジュリエット』とは劇作《げきさっ》家《か》のシェイクスピアによる悲劇《ひげき》で、対立《たいりつ》する家同士《いえどうし》に生《う》まれた男女《だんじょ》が恋《こい》に落《お》ちるという物語《ものがたり》です。それにちなんで、二人《ふたり》の間《あいだ》に障壁《しょうへき》があるほど親密《しんみつ》になったり愛情《あいじょう》を育《はぐく》んでいきやすくなる現象《げんしょう》を「ロミオとジュリエット効果《こうか》」と呼《よ》びます。今《いま》まで二人《ふたり》の前《まえ》に邪魔《じゃま》は何《なに》もありませんでしたが、転校《てんこう》してできた距離《きょり》という「壁《かべ》」を乗《の》り越《こ》えたからこそ、さらに仲良《なかよ》くなれたというわけです。

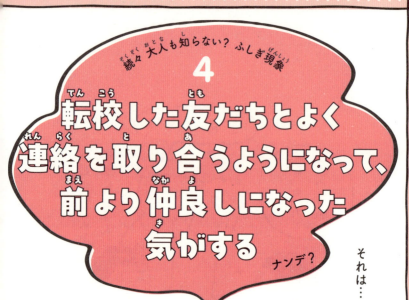

ふしぎ現象《げんしょう》コラム

「ロミオとジュリエット効果《こうか》」は、恋愛中《れんあいちゅう》の男女《だんじょ》を対象《たいしょう》に実験《じっけん》をしたアメリカの心理学者《しんりがくしゃ》リチャード・ドリスコールが、障害《しょうがい》があった方《ほう》が恋愛満足度《れんあいまんぞくど》が高《たか》くなる結果《けっか》から名付《なづ》けました。

続々《ぞくぞく》大人《おとな》も知《し》らない? ふしぎ現象《げんしょう》

5

YouTube《ユーチューブ》、次々《つぎつぎ》と おすすめの動画《どうが》が出《で》てきて やめられない!

ナンデ?

それは…

ウサギの穴効果《あなこうか》

インターネットで動画《どうが》を観《み》始《はじ》めると、おすすめ動画《どうが》がどんどん出《で》てきて視聴《しちょう》がやめられなくなることを心《しん》理学《りがく》で「ウサギの穴効果《あなこうか》」といいます。これは童話《どうわ》『不思議《ふしぎ》の国《くに》のアリス』で、ウサギの穴《あな》に落《お》ちたアリスが奇《き》妙《みょう》な体験《たいけん》をすることに由来《ゆらい》します。この現象《げんしょう》には「時間《じかん》の浪費《ろうひ》」「依存《いぞん》症《しょう》」「かたよった情報《じょうほう》で視野《しや》が狭《せま》くなる」「自己肯定感《じここうていかん》の減少《げんしょう》」などの危《き》険《けん》が指摘《してき》されていて、もし自分《じぶん》ではどうにもならなければお医者《いしゃ》さんへ。

ふしぎ現象《げんしょう》コラム

「ウサギの穴《あな》」に落《お》ちるのは「連続《れんぞく》して動画《どうが》を観《み》る」「似《に》た内《ない》容《よう》の動画《どうが》を観《み》る」「中断《ちゅうだん》しないで動画《どうが》を観《み》る」などが原因《げんいん》とわかっています。それらをしないように気《き》をつけましょう。

続々《ぞくぞく》 大人《おとな》も知《し》らない？ ふしぎ現象《げんしょう》

6

ファミリーレストランのメニューに載《の》っている間《ま》違《ちが》い探《さが》しが難《むずか》しい ナンデ？

それは…

チェンジ・ブラインドネス

間《ま》違《ちが》い探《さが》しは「チェンジ・ブラインドネス（変化《へんか》の見落《みお》とし）」という現象《げんしょう》を利用《りよう》した遊《あそ》びです。私《わたし》たちの脳《のう》は絵《え》や文字《もじ》情報《じょうほう》を一時的《いちじてき》に覚《おぼ》えるメモリーがとても小《ちい》さく、3〜5ぐらいの情報《じょうほう》しか記憶《きおく》できません。しかも間違《まちが》いを探《さが》そうと視線《しせん》を頻繁《ひんぱん》に動《うご》かすと、視覚情報処理《しかくじょうほうしょり》が止《と》まってしまうのだとか。そんな難《むずか》しい間《ま》違《ちが》い探《さが》しですが、「寄《よ》り目《め》」にして2枚《まい》の絵《え》が1枚《まい》に重《かさ》なるように見《み》ると、すぐに違《ちが》いがわかるそうです。

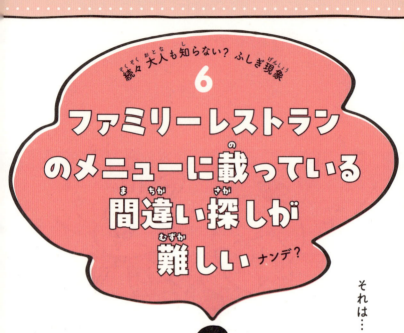

ちがうところが5ヵ所《かしょ》あるよ

ふしぎ現象《げんしょう》コラム

「チェンジ・ブラインドネス」は認知心理学《にんちしんりがく》などで用《もち》いられる用語《ようご》で、特徴《とくちょう》としては、一度《いちど》「間違《まちが》い」に気《き》づくとその「間違《まちが》い」が固定《こてい》され、二度目《にどめ》は必《かなら》ず気《き》づくそうです。

続々《ぞくぞく》 大人《おとな》も知《し》らない？ ふしぎ現象《げんしょう》

7

梅干《うめぼ》しやレモンを見《み》ると、つばがたくさん出《で》てくる ナンデ？

それは…

レスポンデント行動《こうどう》

生《い》き物《もの》がなんらかの刺激《しげき》に反応《はんのう》して行動《こうどう》が起《お》こることを行動分析学《こうどうぶんせきがく》で「レスポンデント（刺激《しげき》に応答《おうとう》）行《こう》動《どう》」といいます。有名《ゆうめい》な実験《じっけん》が「パブロフの犬《いぬ》」。犬《いぬ》にエサをあげる前《まえ》にベルを鳴《な》らすことを繰《く》り返《かえ》していると、犬《いぬ》はベルの音《おと》を聞《き》いただけでもよだれをたらすようになるのです。

私《わたし》たちは梅干《うめぼ》しやレモンを食《た》べるとつばがたくさん出《で》ることを経験《けいけん》で知《し》っているので、それを想像《そうぞう》しただけでつばが出《で》てしまうのです。

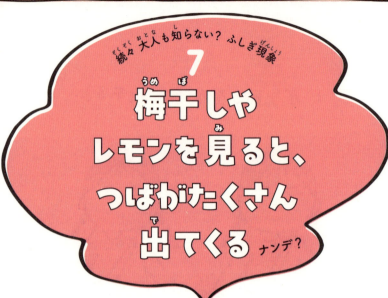

ふしぎ現象《げんしょう》コラム

「レスポンデント行動《こうどう》」とは逆《ぎゃく》に、何《なに》か行動《こうどう》したら結果《けっか》が出《で》ると学習《がくしゅう》することを「オペラント（動作《どうさ》する）行動《こうどう》」といいます。たとえばピアノをほめられて、よりピアノを練習《れんしゅう》するようになるなどの行動《こうどう》です。

続々《ぞくぞく》 大人《おとな》も知《し》らない？ ふしぎ現象《げんしょう》

8

絶対《ぜったい》にダメなのに、階段《かいだん》の一番《いちばん》上《うえ》からの飛《と》び降《お》りにチャレンジしたくなるナンデ？

それは…

ボイドの呼《よ》び声《ごえ》

それは「ボイド（虚空《こくう》）の呼《よ》び声《ごえ》」と呼《よ》ばれる昔《むかし》からある現象《げんしょう》。多《おお》くの人《ひと》が経験《けいけん》しているためフランスで作《つく》られた言葉《ことば》です。ただこの現象《げんしょう》に関《かん》する研究《けんきゅう》が発表《はっぴょう》されたのは２０１２年《ねん》のこと。人《ひと》は危険《きけん》な場所《ばしょ》に立《た》つと脳《のう》から出《で》る「落《お》ちたら危《あぶ》ないから逃《に》げろ」という信号《しんごう》を、「落《お》ちたらどうなるかやってみたい」という信号《しんごう》だと読《よ》み違《ちが》えているかもしれないそうです。だから、これは自殺願望《じさつがんぼう》とは関係《かんけい》なく起《お》こる現象《げんしょう》です。

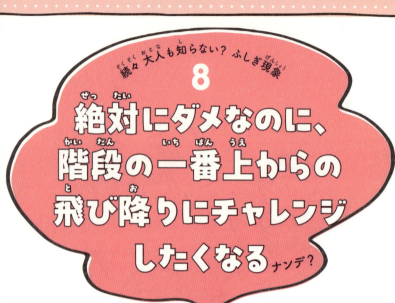

ふしぎ現象《げんしょう》コラム

研究《けんきゅう》では、二人《ふたり》に一人《ひとり》が「ボイドの呼《よ》び声《ごえ》」を経験《けいけん》しているそうです。なのでこの現象《げんしょう》は「死《し》にたい」ではなく、逆《ぎゃく》に「生《い》きたい」という心《こころ》の声《こえ》を反映《はんえい》している可能性《かのうせい》が高《たか》いとのことです。

続々《ぞくぞく》 大人《おとな》も知《し》らない? ふしぎ現象《げんしょう》

9

テレビで、自分《じぶん》と同《おな》い年《どし》ぐらいの子役《こやく》が演技《えんぎ》しているのを見《み》ると恥《は》ずかしくなる

ナンデ?

それは…

観察者羞恥《かんさつしゃしゅうち》

観察《かんさつ》されている相手《あいて》は恥《は》ずかしがっていないのに、それを観察《かんさつ》している自分《じぶん》が恥《は》ずかしくなってしまうこの現象《げんしょう》を心理学《しんりがく》で「観察者羞恥《かんさつしゃしゅうち》」といいます。「観察者羞恥《かんさつしゃしゅうち》」が起《お》こるのは、他人《たにん》の目《め》を気《き》にしすぎる性格《せいかく》のせいとも、自分《じぶん》と他人《たにん》との境界線《きょうかいせん》があやふやなせいともいわれています。あなたの場合《ばあい》は「お芝居《しばい》をするなんて恥《は》ずかしい!」という自分《じぶん》の気持《きも》ちを、他人《たにん》である子役《こやく》に投影《とうえい》していると考《かんが》えられます。

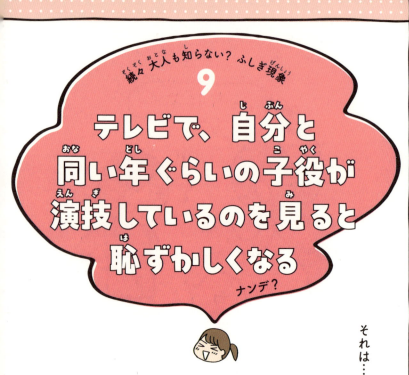

ふしぎ現象《げんしょう》コラム

「観察者羞恥《かんさつしゃしゅうち》」は心理学者《しんりがくしゃ》の桑村幸恵《くわむらさちえ》が作《つく》った言葉《ことば》。この現象《げんしょう》が起《お》こるのは「同類《どうるい》と思《おも》われる」「イメージ低下《ていか》」「見《み》てはいけないものを見《み》てしまった」などの感情《かんじょう》が理由《りゆう》のようです。

続々《ぞくぞく》 大人《おとな》も知《し》らない？ ふしぎ現象《げんしょう》

10

運動会《うんどうかい》の父兄《ふけい》リレーでお父《とう》さんが転《ころ》んだら、自分《じぶん》まで恥《は》ずかしくなったナンデ？

それは…

共感性羞恥《きょうかんせいしゅうち》

前《まえ》のページで紹介《しょうかい》した「観察者《かんさつしゃ》羞恥《しゅうち》」とは違《ちが》い、恥《は》ずかしい思《おも》いをしている人《ひと》を見《み》て、自分《じぶん》も恥《は》ずかしい気持《きも》ちになることは「共感性《きょうかんせい》羞《しゅう》恥《ち》」といいます。「共感性羞恥《きょうかんせいしゅうち》」は、家族《かぞく》など距離感《きょりかん》が近《ちか》い人《ひと》に対《たい》してより起《お》こりがちだそう。お父《とう》さんの「恥《は》ずかしい！」という気持《きも》ちを、自《じ》分《ぶん》のことのように受《う》け止《と》めて、恥《は》ずかしくなってしまったというわけです。共感性《きょうかんせい》や感受性《かんじゅせい》の高《たか》い人《ひと》ほどおちいりやすくなるそうです。

ふしぎ現象《げんしょう》コラム

「共感性羞恥《きょうかんせいしゅうち》」を感《かん》じる人《ひと》は相手《あいて》の痛《いた》みをわかってあげられる優《やさ》しい人《ひと》ともいえますが、この能力《のうりょく》が高《たか》すぎると本人《ほんにん》が困《こま》ってしまう場合《ばあい》も。時《とき》には「自分《じぶん》」と「他人《たにん》」を分《わ》けて考《かんが》えることも意識《いしき》してみましょう。

続々《ぞくぞく》 大人《おとな》も知《し》らない？ ふしぎ現象《げんしょう》

11

遊園地《ゆうえんち》で長時間《ちょうじかん》並《なら》ぶのはつらいけど、アトラクションが終《お》わったら並《なら》んだつらさを忘《わす》れてる

ナンデ？

それは…

ピーク・エンドの法則《ほうそく》

人《ひと》は経験《けいけん》した物事《ものごと》について、もっとも感情《かんじょう》が高《たか》ぶった時《とき》と、終《お》わりの頃《ころ》の出来事《できごと》をよく覚《おぼ》えている傾向《けいこう》があります。長時間並《ちょうじかんなら》んだあとのアトラクションを「楽《たの》しい！」という感《かん》情《じょう》のピークが訪《おとず》れたまま乗《の》り終《お》えたので「ピーク（感情《かんじょう》の頂点《ちょうてん》）・エンド（最後《さいご》の印象《いんしょう》）」の法則《ほうそく》が働《はたら》きました。映画《えいが》を観《み》た時《とき》なども同《おな》じことが起《お》こります。この法則《ほうそく》はアメリカの心理学《しんりがく》・行動経済学者《こうどうけいざいがくしゃ》カーネマンによって発見《はっけん》されました。

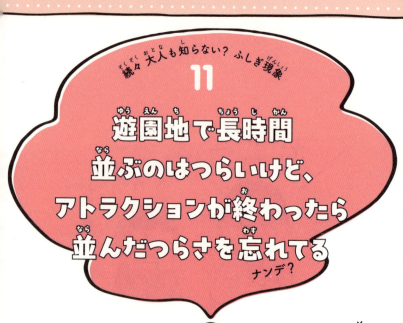

ふしぎ現象《げんしょう》コラム

友《とも》だちから「遊《あそ》ぼう」とさそわれたのに断《ことわ》らなくてはならない時《とき》も、最後《さいご》に「また今度《こんど》さそってね」と付《つ》け加《くわ》えると相手《あいて》と気《き》まずくなりません。これも、「ピーク・エンドの法則《ほうそく》」です。

続々《ぞくぞく》 大人《おとな》も知《し》らない？ ふしぎ現象《げんしょう》

12

スポーツは苦手《にがて》だけど、スポーツ観戦《かんせん》は大好《だいす》き

ナンデ？

それは…

代償行動《だいしょうこうどう》

何《なに》かの理由《りゆう》で、ある目標《もくひょう》が達成《たっせい》されなかったり、手《て》に入《い》れたいものが手《て》に入《はい》らなかったりした時《とき》に、その代《か》わりになる行動《こうどう》で目標《もくひょう》を達成《たっせい》して充足感《じゅうそくかん》を得《え》ることを心理学者《しんりがくしゃ》フロイトは「代償行動《だいしょうこうどう》」と呼《よ》びました。ただ「代償行動《だいしょうこうどう》」の裏《うら》には、本当《ほんとう》の自分《じぶん》の気持《きも》ち（この場合《ばあい》は「自分《じぶん》でもスポーツをしてみたい」という気《き》持《も》ち）があることも。もし心当《こころあ》たりがあれば、一度《いちど》、自分《じぶん》の気持《きも》ちと向《む》き合《あ》ってみることをおすすめします。

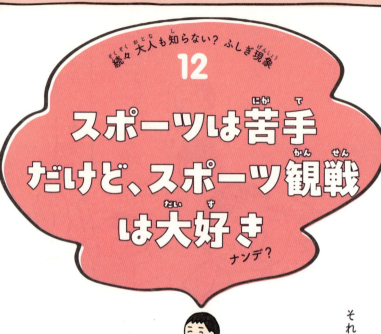

ふしぎ現象《げんしょう》コラム

「代償行動《だいしょうこうどう》」では十分《じゅうぶん》に欲求《よっきゅう》が満《み》たされないそうです。そのため、場合《ばあい》によっては心《こころ》や体《からだ》に悪影響《あくえいきょう》をおよぼすことも……。自覚《じかく》のある人《ひと》は気《き》をつけましょう。

続々《ぞくぞく》 大人《おとな》も知《し》らない？ ふしぎ現象《げんしょう》

13
電車《でんしゃ》の優先席《ゆうせんせき》に健康《けんこう》そうな人《ひと》が座《すわ》っていると許《ゆる》せない ナンデ？

それは…

正義中毒《せいぎちゅうどく》

優先席《ゆうせんせき》はお年寄《としよ》りや妊婦《にんぷ》さん、体《からだ》の不自由《ふじゆう》な人《ひと》へと用意《ようい》されたものなので、ムッとしたのですね。その許《ゆる》せない気持《きも》ちが高《たか》まり、攻撃的《こうげきてき》になってしまうことを脳科学者《のうかがくしゃ》の中野信子《なかののぶこ》は「正義中毒《せいぎちゅうどく》」と名付《なづ》けました。「自《じ》分《ぶん》こそ正《ただ》しい」と思《おも》い込《こ》み、自分《じぶん》のルールから外《はず》れた人《ひと》を攻撃《こうげき》すると、脳《のう》からドーパミンという快楽物質《かいらくぶっしつ》が出《で》ます。この快楽《かいらく》を求《もと》めて、ずっと他人《たにん》への攻撃《こうげき》を繰《く》り返《かえ》してしまうのが「正義中毒《せいぎちゅうどく》」という依存症《いぞんしょう》です。

ふしぎ現象《げんしょう》コラム

「正義中毒《せいぎちゅうどく》」がひどくなると、人《ひと》の悪《わる》いところばかりを探《さが》すようになってしまいます。攻撃《こうげき》をする前《まえ》に、相手《あいて》の事情《じじょう》について考《かんが》えてみることも必要《ひつよう》だと思《おも》います。

続々《ぞくぞく》大人《おとな》も知《し》らない？　ふしぎ現象《げんしょう》

14

お風呂《ふろ》の順番《じゅんばん》、いつもお姉《ねえ》ちゃんに「明日《あした》○○だから」って先《さき》に入《はい》られてしまう

ナンデ？

それは…

カチッサー効果《こうか》

私《わたし》たちは頼《たの》み事《ごと》をされた時《とき》に、何《なに》か理由《りゆう》をつけられると、あまり深《ふか》く考《かん》えずに受《う》け入《い》れてしまう性質《せいしつ》があります。つまり「お風呂《ふろ》、先《さき》に入《はい》らせて」とだけ言《い》われるより「明日《あした》は日直《にっちょく》だからお風呂《ふろ》、先《さき》に入《はい》らせて」と理由《りゆう》をつけられた方《ほう》が、「なら仕《し》方《かた》ない」と思《おも》いやすいのです。しかも、ささいな頼《たの》み事《ごと》ほど、関係《かんけい》のない理由《りゆう》や、こじつけでも通《とお》してしまう傾向《けいこう》があるとか。この現象《げんしょう》を「カチッサー効果《こうか》（自動性《じどうせい》）」といいます。

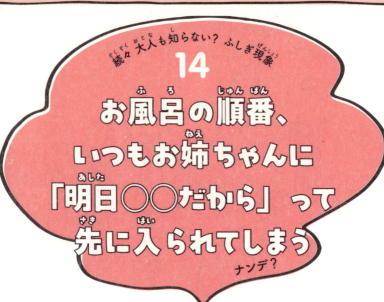

ふしぎ現象《げんしょう》コラム

「カチッサー効果《こうか》」は、テープレコーダーの再生《さいせい》ボタンを押《お》す「カチッ」という音《おと》、そのあとに流《なが》れる砂嵐《すなあらし》のような「サー」という音《おと》にちなむ、「自動性《じどうせい》」の日本《にほん》での呼《よ》び方《かた》です。

続々《ぞくぞく》大人《おとな》も知《し》らない？ふしぎ現象《げんしょう》

15

給食《きゅうしょく》で苦手《にがて》な料理《りょうり》を食《た》べたことを先生《せんせい》がほめてくれてから、その料理《りょうり》が食《た》べられるようになった

ナンデ？

それは…

エンハンシング効果《こうか》

「先生《せんせい》にほめられる」というのは「自分《じぶん》」ではなく「先生《せんせい》」という外部《がいぶ》の人《ひと》からもたらされた動機《どうき》（モチベーション）です。このような外部《がいぶ》からの働《はたら》きかけで、自分《じぶん》の内部《ないぶ》に動機《どうき》が生《う》まれ自信《じしん》がつくことを「エンハンシング（高《たか》める）効果《こうか》」といいます。この効果《こうか》は、信頼《しんらい》している人《ひと》や好《す》きな人《ひと》からほめられることで特《とく》に発揮《はっき》されるそう。逆《ぎゃく》に、ほめる場合《ばあい》は、その人《ひと》の才能《さいのう》や能力《のうりょく》ではなく、行動《こうどう》をほめるのがポイントです。

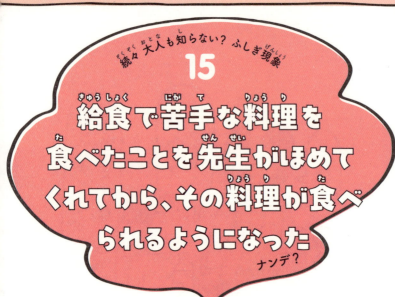

ふしぎ現象《げんしょう》コラム

「エンハンシング効果《こうか》」とよく比較《ひかく》されるのが「アンダーマイニング（傷《きず》つけ壊《こわ》す）効果《こうか》」です。こちらは言葉《ことば》でほめるのではなく、お金《かね》などを渡《わた》すことによって逆《ぎゃく》に動機《どうき》を下《さ》げる現象《げんしょう》です。

続々《ぞくぞく》大人《おとな》も知《し》らない？　ふしぎ現象《げんしょう》

16 自分《じぶん》はゲームが上手《うま》いと思《おも》っていたけどオンラインゲームをして自信《じしん》がなくなった

ナンデ？

それは…

絶望《ぜつぼう》の谷《たに》

あなたは今《いま》「絶望《ぜつぼう》の谷《たに》」という状《じょう》態《たい》になっています。そして自信満々《じしんまんまん》だった頃《ころ》が、「バカの山《やま》」と名付《なづ》けられた状態《じょうたい》です。この「バカの山《やま》」は別名《べつめい》「ダニング=クルーガー効果《こうか》」といい、自分《じぶん》を過大評価《かだいひょうか》してしまう心理状態《しんりじょうたい》を指《さ》します。その後《ご》、自《じ》分《ぶん》の実力不足《じつりょくぶそく》に気《き》づく「絶望《ぜつぼう》の谷《たに》」、積極的《せっきょくてき》に学《まな》ぼうとする「啓蒙《けいもう》の坂《さか》」とたどり、自分《じぶん》の能力《のうりょく》を正確《せいかく》に評価《ひょうか》できる「継続《けいぞく》の大地《だいち》」へ至《いた》る曲線《きょくせん》を描《えが》ける人《ひと》が、成長《せいちょう》できる人《ひと》です。

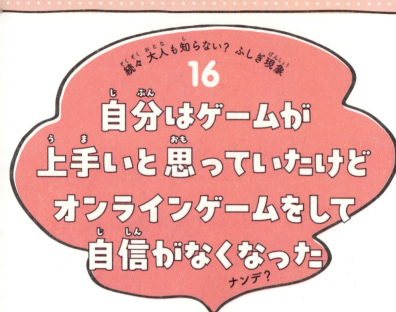

ふしぎ現象《げんしょう》コラム

「絶望《ぜつぼう》の谷《たに》」は、能力《のうりょく》の高《たか》まりから学《まな》びが足《た》りなかったことに気《き》づいた状態《じょうたい》です。ここできちんと自己認識《じこにんしき》して知識《ちしき》や経験《けいけん》を増《ふ》やしていけば、自信《じしん》も回復《かいふく》していきます。

続々《ぞくぞく》 大人《おとな》も知《し》らない？ ふしぎ現象《げんしょう》

17

幼稚園《ようちえん》の時《とき》の友《とも》だちと久《ひさ》しぶりに会《あ》って思《おも》い出話《でばなし》をしたら、二人《ふたり》の記憶《きおく》が食《く》い違《ちが》っていた

ナンデ？

それは…

虚記憶《きょきおく》

それは「虚記憶《きょきおく》」といわれる現象《げんしょう》かもしれません。あなたか友《とも》だちのどちらかが、実際《じっさい》にはなかった出来事《できごと》を「起《お》こったこと」として思《おも》い出《だ》しているのです。人間《にんげん》は、一度《いちど》記憶《きおく》した物事《ものごと》を思《おも》い出《だ》す時《とき》、そのままの形《かたち》ではなく、記憶《きおく》の断片《だんぺん》を組《く》み合《あ》わせるため、このような間違《まちが》いが起《お》きてしまうとされています。「虚記憶《きょきおく》」だったとしても「絶対《ぜったい》に起《お》こったことだ！」と強《つよ》く思《おも》うのも、よくあることだそうです。

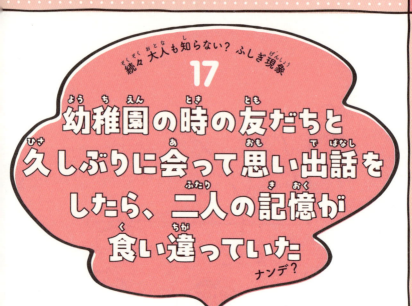

ふしぎ現象《げんしょう》コラム

お使《つか》いで、にんじん、たまねぎ、じゃがいも、肉《にく》を頼《たの》まれたら、お願《ねが》いされていないカレーのルーまで買《か》って帰《かえ》ってしまうのも「虚記憶《きょきおく》」だったりします。

続々《ぞくぞく》大人《おとな》も知《し》らない? ふしぎ現象《げんしょう》

18

クラスで、席《せき》の近《ちか》い人《ひと》と仲良《なかよ》くなる

ナンデ?

それは…

アレン曲線《きょくせん》

席《せき》が近《ちか》いと、話《はな》す機会《きかい》や顔《かお》を見《み》る機会《きかい》が多《おお》くなるはず。私《わたし》たちは日《にち》常的《じょうてき》に近《ちか》い距離《きょり》にいる人《ひと》に対《たい》して親《した》しみを持《も》つ心理《しんり》が働《はたら》きます。経営《けいえい》学者《がくしゃ》アレンが提唱《ていしょう》したこの現象《げんしょう》は、「アレン曲線《きょくせん》」と名付《なづ》けられました。仲良《なかよ》くなりたい人《ひと》がいるなら、近《ちか》くの席《せき》にしてもらうのは有効《ゆうこう》かもしれません。逆《ぎゃく》に苦手《にがて》な相手《あいて》とは物理的《ぶつりてき》にも距離《きょり》を置《お》くのが、少《すこ》しでもストレスを感《かん》じなくなる方法《ほうほう》になりそうです。

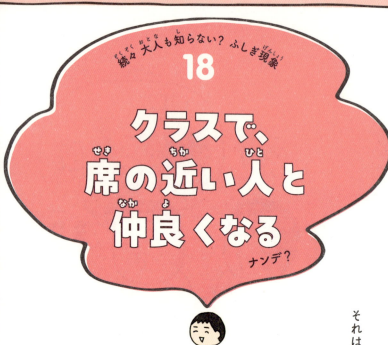

ふしぎ現象《げんしょう》コラム

アレンが調《しら》べたところ、自分《じぶん》から1.8メートル離《はな》れた席《せき》の人《ひと》と、18メートル離《はな》れた席《せき》の人《ひと》とでは、コミュニケーション量《りょう》に4倍《ばい》の差《さ》がついたそうです。

続々《ぞくぞく》 大人《おとな》も知《し》らない? ふしぎ現象《げんしょう》

19

オリンピックで日本人《にほんじん》が活躍《かつやく》すると、知《し》らない選手《せんしゅ》でもみんな喜《よろこ》んでいる

ナンデ?

それは…

黒《くろ》い羊効果《ひつじこうか》

集団《しゅうだん》にとって好《この》ましいメンバーをひいき目《め》に見《み》て、好《この》ましくないメンバーを排除《はいじょ》しようとすることを、聖書《せいしょ》の「黒《くろ》い一匹《いっぴき》の羊《ひつじ》が白《しろ》い羊《ひつじ》の群《む》れから仲間外《なかまはず》れにされてしまう」という記述《きじゅつ》になぞらえて「黒《くろ》い羊効果《ひつじこうか》」と呼《よ》びます。国際競技《こくさいきょうぎ》で日本人《にほんじん》が活躍《かつやく》すると、私《わたし》たちは「日本人《にほんじん》」という仲間意識《なかまいしき》で、たとえ知《し》らない選手《せんしゅ》でも嬉《うれ》しくなります。逆《ぎゃく》に日本人《にほんじん》が海外《かいがい》で悪《わる》いことをすると「黒《くろ》い羊《ひつじ》」として排除《はいじょ》したいと考《かん》えがちです。

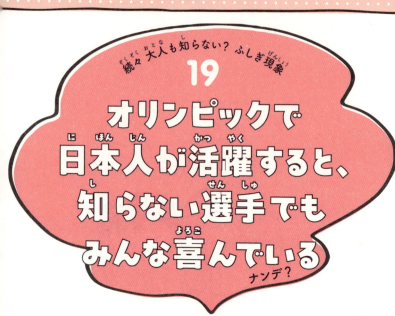

ふしぎ現象《げんしょう》コラム

「黒《くろ》い羊効果《ひつじこうか》」は、1988年《ねん》に社会心理学者《しゃかいしんりがくしゃ》ホセ・マルケスらの論文《ろんぶん》で提唱《ていしょう》されました。ちなみに、英語《えいご》の「black sheep《ブラックシープ》(黒《くろ》い羊《ひつじ》)」には「家族《かぞく》の恥《はじ》さらし」という意味《いみ》もあります。

続々《ぞくぞく》 大人《おとな》も知《し》らない？ ふしぎ現象《げんしょう》

20

大人《おとな》はすぐ「昔《むかし》は良《よ》かった」と言《い》うナンデ？

それは…

バラ色《いろ》の回顧《かいこ》

大人《おとな》がこのようなことを言《い》う場合《ばあい》、たいてい実際《じっさい》の体験《たいけん》を美化《びか》して覚《おぼ》えています。これは人間《にんげん》の考《かんが》える時《とき》のくせの一《ひと》つで、「バラ色《いろ》の回顧《かいこ》」と呼《よ》ばれる現象《げんしょう》です。私《わたし》たちは自分《じぶん》の心《こころ》を守《まも》るため、悪《わる》い出来事《できごと》よりも良《よ》い出来事《できごと》をよく覚《おぼ》えています。「バラ色《いろ》」というのは、幸《しあわ》せや明《あか》るい未《み》来《らい》を意味《いみ》するたとえです。ただ、この現象《げんしょう》は「過去《かこ》を正確《せいかく》に記憶《きおく》していない」ともいえ、体験《たいけん》した災害《さいがい》などを過小評価《かしょうひょうか》する危険《きけん》もあります。

ふしぎ現象《げんしょう》コラム

「バラ色《いろ》の回顧《かいこ》」は、別名《べつめい》「回顧《かいこ》バイアス」ともいいます。「バイアス」は「データのかたより」という意味《いみ》で、「偏見《へんけん》」や「先入観《せんにゅうかん》」といった意味合《いみあ》いも持《も》っています。

続々《ぞくぞく》 大人《おとな》も知《し》らない？ ふしぎ現象《げんしょう》

21

一人《ひとり》で走《はし》るより、何《なん》人《にん》かで走《はし》った方《ほう》が100m《メートル》走《そう》のタイムが良《よ》くなるナンデ？

それは…

ピア効果《こうか》

仲間《なかま》や友《とも》だちと一緒《いっしょ》に何《なに》かをすると、一人《ひとり》でやった時《とき》よりも良《よ》い結果《けっか》を残《のこ》せることがあります。仲間《なかま》に「負《ま》けたくない」と思《おも》い、自分《じぶん》の能《のう》力《りょく》や行動《こうどう》に変化《へんか》が生《しょう》じるからです。この現象《げんしょう》を心理学《しんりがく》で「ピア（仲間《なかま》）効果《こうか》」といいます。今回《こんかい》のように効《こう》果《か》が良《よ》い方向《ほうこう》に向《む》かうことを「正《せい》のピア効果《こうか》」と呼《よ》びますが、逆《ぎゃく》に仲間内《なかまうち》のレベルの差《さ》が大《おお》きいとやる気《き》がなくなり、悪影響《あくえいきょう》になる危険《きけん》が。それを「負《ふ》のピア効果《こうか》」といいます。

ふしぎ現象《げんしょう》コラム

「ピア効果《こうか》」は、レベルが近《ちか》い者同士《ものどうし》で競《きそ》わせると良《よ》い結果《けっか》が出《で》やすいとされています。もともとは教育現場《きょういくげんば》などで注目《ちゅうもく》されていた現象《げんしょう》です。

続々《ぞくぞく》　大人《おとな》も知《し》らない？　ふしぎ現象《げんしょう》

22

外《がい》国《こく》語《ご》の歌《うた》の歌詞《かし》が、日《に》本《ほん》語《ご》に聞《き》こえるところがある

ナンデ？

それは…

パレイドリア現象《げんしょう》

耳《みみ》から入《はい》ってくる音《おと》や、目《め》で見《み》た何《なに》かが、自分《じぶん》がよく知《し》っているものに聞《き》こえたり見《み》えたりすることを「パレイドリア現象《げんしょう》」といいます。歌詞《かし》だけでなく、風《かぜ》の音《おと》が人《ひと》の話《はな》し声《ごえ》に聞《き》こえたり、猫《ねこ》の鳴《な》き声《ごえ》が赤《あか》ちゃんの声《こえ》に聞《き》こえたりするのもこの現象《げんしょう》です。「パレイドリア現象《げんしょう》」が起《お》きる理由《りゆう》は、はっきりとはわからないようですが、人間《にんげん》には物事《ものごと》に意《い》味《み》を見《み》つけたがるくせがあるからでは、との一説《いっせつ》も。

ふしぎ現象《げんしょう》コラム

「パレイドリア」はギリシア語《ご》の「パラ（疑似《ぎじ》の）」と「エイドロン（像《ぞう》）」が語源《ごげん》です。「パレイドリア現象《げんしょう》」の視覚《しかく》のみの現象《げんしょう》は「シミュラクラ（類像《るいぞう》）現象《げんしょう》」と呼《よ》ばれます。

続々《ぞくぞく》 大人《おとな》も知《し》らない？ ふしぎ現象《げんしょう》

23

遠足《えんそく》は、前日《ぜんじつ》におやつを買《か》っている時《とき》が一番《いちばん》楽《たの》しいナンデ？

それは…

待《ま》つのが祭《まつ》り

どんなに楽《たの》しみにしていたことでも、その本番《ほんばん》の日《ひ》や時間《じかん》はあっという間《ま》に終《お》わってしまい、振《ふ》り返《かえ》ってみれば、その楽《たの》しみなことを事前《じぜん》に想像《そうぞう》していた時《とき》が一番《いちばん》ワクワクしていたな――なんてことが、よくあります。そんな気分《きぶん》を味《あじ》わうと、まさしく〝待《ま》っていた時間《じかん》がお祭《まつ》りのように楽《たの》しかった〟と思《おも》うものです。「待《ま》つのが祭《まつ》り」という言葉《ことば》はことわざですが、昔《むかし》の人《ひと》は「ふしぎ現《げん》象《しょう》」にうまく名前《なまえ》を付《つ》けましたね。

ふしぎ現象《げんしょう》コラム

「待《ま》つのが祭《まつ》り」と同《おな》じような意味《いみ》で「祭《まつ》りより前《まえ》の日《ひ》」「待《ま》つ間《あいだ》が花《はな》」「見《み》ぬが花《はな》」「成《な》らぬうちが楽《たの》しみ」など、たくさんの言葉《ことば》があります。

続々《ぞくぞく》 大人《おとな》も知《し》らない？ ふしぎ現象《げんしょう》

24

クラスのみんなが、パンダのしっぽは黒《くろ》だと思《おも》い込《こ》んでいたナンデ？

それは…

マンデラ効果《こうか》

事実《じじつ》とは違《ちが》うはずなのに、なぜかみんなが勘違《かんちが》いしている現象《げんしょう》を「マンデラ効果《こうか》」といいます。もともとはインターネット上《じょう》で広《ひろ》まった言葉《ことば》です。１９９０年代《ねんだい》に南《みなみ》アフリカの指導者《しどうしゃ》だったマンデラが、生《い》きているにもかかわらず、大勢《おおぜい》の人《ひと》が「死《し》んだ」と思《おも》い込《こ》んでいたことに由来《ゆらい》します。なぜこのようなことが起《お》こるのか、正確《せいかく》なところはまだわかっていません。「虚記憶《きょきおく》（Ｐ《ピー》40）」にも関《かか》わるという説《せつ》もあります。

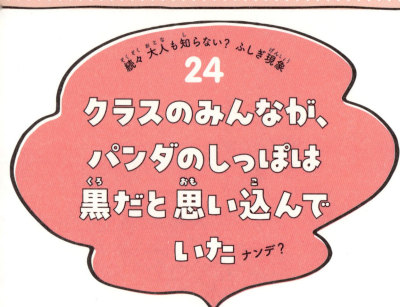

ふしぎ現象《げんしょう》コラム

日本人《にほんじん》がパンダのしっぽの色《いろ》を黒《くろ》だと思《おも》うのは、初《はじ》めて日本《にほん》にパンダがやってきた時《とき》にパンダのぬいぐるみを作《つく》ったおもちゃメーカーがしっぽを黒《くろ》にしたのが原因《げんいん》、という説《せつ》があります。今《いま》でもしっぽが黒《くろ》のぬいぐるみは多《おお》いですね。

写真提供／ピクスタ

続々《ぞくぞく》 大人《おとな》も知《し》らない？ ふしぎ現象《げんしょう》

25

プールに入《はい》ると、おしっこがしたくなる

ナンデ？

それは…

過活動膀胱《かかつどうぼうこう》

プールやお風呂《ふろ》の中《なか》では、通常《つうじょう》時《じ》よりもおしっこがしたくなります。これは水圧《すいあつ》で心臓《しんぞう》に血液《けつえき》が集《あつ》まりやすくなり、「体《からだ》の水分《すいぶん》が多《おお》い」と錯覚《さっかく》した脳《のう》が、おしっこを排出《はいしゅつ》する指令《しれい》を出《だ》すからです。ですが、急《きゅう》に我慢《がまん》ができなくなるくらいの尿意《にょうい》を感《かん》じる場合《ばあい》は「過活動膀胱《かかつどうぼうこう》」の心配《しんぱい》があります。「過活動膀胱《かかつどうぼうこう》」は、おしっこが体《からだ》にあまりたまっていなくても膀胱《ぼうこう》が収縮《しゅうしゅく》して尿意《にょうい》をもよおす状態《じょうたい》で、ひどい場合《ばあい》には治療《ちりょう》が必要《ひつよう》です。

ふしぎ現象《げんしょう》コラム

2024 年《ねん》にアメリカの新聞《しんぶん》が「オリンピックのほとんどの競泳選手《きょうえいせんしゅ》がプールの中《なか》でおしっこをする」と報《ほう》じましたが、これは肌《はだ》に密着《みっちゃく》する脱《ぬ》ぎにくい水着《みずぎ》が原因《げんいん》だとか。特《とく》に女子選手《じょしせんしゅ》は、着用《ちゃくよう》するのに 20 分《ぷん》もかかることがあるみたいです。

おまけクイズ①

現象《げんしょう》の名前《なまえ》から どんな現象《げんしょう》なのかを当《あ》ててみよう！

Q1

1万時間《まんじかん》の法則《ほうそく》

ヒント

夢《ゆめ》を叶《かな》えるには？

Q2

栄光浴《えいこうよく》

ヒント

浴《よく》＝こうむる（身《み》に受《う》ける）という意味《いみ》もあるよ！

A　1万時間《まんじかん》、努力《どりょく》や修業《しゅぎょう》をしたらど素人《しろうと》でもプロになれる

1万時間《まんじかん》は、1日《にち》3時間修業《じかんしゅぎょう》したとして、9年以上《ねんいじょう》かかる計算《けいさん》になります。確《たし》かに、それだけ努力《どりょく》を続《つづ》けることができれば、プロ野球選手《やきゅうせんしゅ》にもお医者《いしゃ》さんにもなれそうな気《き》がしますね。

A　地位《ちい》や名誉《めいよ》のある人《ひと》とのつながりで自分《じぶん》も偉《えら》い気分《きぶん》になる

偉《えら》い人《ひと》の栄光《えいこう》を、自分自身《じぶんじしん》に浴《あ》びるから「栄光浴《えいこうよく》」。その人自身《ひとじしん》は偉《えら》くなくても、「偉《えら》い人《ひと》と知《し》り合《あ》いだ」というだけで自己評価《じこひょうか》が上《あ》がるそう。「虎《とら》の威《い》を借《か》る狐《きつね》」ともいいます。

イラスト提供／ピクスタ

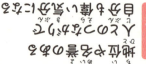

2章《しょう》

買《か》い物《もの》・お金《かね》のふしぎ編《へん》

続々《ぞくぞく》 大人《おとな》も知《し》らない? ふしぎ現象《げんしょう》

26 学校《がっこう》で自分《じぶん》と同《おな》じ服《ふく》を着《き》ている人《ひと》を見《み》かけて恥《は》ずかしくなった

ナンデ?

それは…

スノッブ効果《こうか》

物《もの》を買《か》う時《とき》に「人《ひと》と同《おな》じものはイヤ」と思《おも》うことを「スノッブ効果《こうか》」といいます。経済学者《けいざいがくしゃ》ライベンシュタインが提唱《ていしょう》しました。あなたが着《き》ていた服《ふく》がたとえ高価《こうか》な物《もの》だったとしても、まったく同《おな》じ服《ふく》を着《き》ている人《ひと》が近《ちか》くにいたら気《き》まずくなりますよね。それは私《わたし》たちに「自分《じぶん》と他人《たにん》を区別《くべつ》したい」という欲求《よっきゅう》があるから。反対《はんたい》に、他人《たにん》と同《おな》じものを選《えら》びたくなる「バンドワゴン効果《こうか》」という現象《げんしょう》もあるので、人間《にんげん》とは複雑《ふくざつ》です。

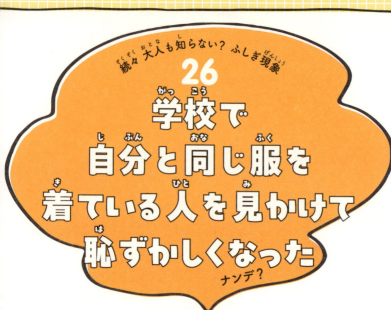

ふしぎ現象《けんしょう》コラム

「スノッブ」とは「つまらない人《ひと》」や「通《つう》ぶった人《ひと》」という意味《いみ》ですが、イギリスの学生《がくせい》たちが「見栄《みえ》っ張《ぱ》り」「紳士気《しんしき》取《ど》りのイヤなやつ」という仲間《なかま》にだけ伝《つた》わる言葉《ことば》として使《つか》っていたものが、マーケティング用語《ようご》になったそうです。

続々《ぞくぞく》大人《おとな》も知《し》らない？ふしぎ現象《げんしょう》

27

レストランに連《つ》れていってもらった時《とき》、いつも同《おな》じメニューを頼《たの》んじゃうナンデ？

それは…

あいまいさ回避《かいひ》

それは人《ひと》が「不確実《ふかくじつ》な状況《じょうきょう》をなるべく避《さ》けたい」という心理《しんり》を持《も》っているから。これを「あいまいさ回避《かいひ》」といいます。経済学者《けいざいがくしゃ》のエルズバーグが提唱《ていしょう》したので「エルズバーグのパラドックス（逆説《ぎゃくせつ》）」とも呼《よ》ばれます。あなたは情報不足《じょうほうぶそく》などから「どんな味《あじ》かわからない」という危険《きけん》（リスク）を避《さ》けるために、食《た》べ慣《な》れている料理《りょうり》を選《えら》んでいるのです。この現象《げんしょう》の存在《そんざい》を知《し》ることで、より良《よ》い選択《せんたく》ができるよう意識《いしき》してください。

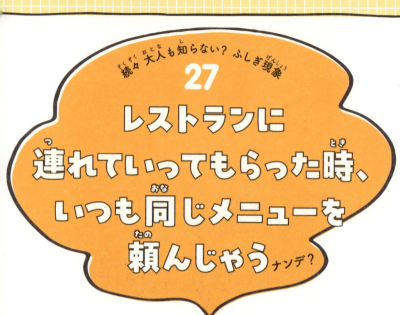

ふしぎ現象《げんしょう》コラム

たくさんの研究《けんきゅう》によって、「あいまいさ回避《かいひ》」は私《わたし》たちの意《い》思決定《しけってい》に「無視《むし》できない影響《えいきょう》」を持《も》っていることが確認《かくにん》されているそうです。

続々《ぞくぞく》 大人《おとな》も知《し》らない？ ふしぎ現象《げんしょう》

28

キャラクターものの服《ふく》を買《か》ってもらったら、同《おな》じキャラクターの靴《くつ》もほしくなった

ナンデ？

それは……

ディドロ効果《こうか》

新《あたら》しく何《なに》かを買《か》った時《とき》などに、おそろいの物《もの》で統一《とういつ》したくなることってありますよね。その現象《げんしょう》が行動経《こうどうけい》済学《ざいがく》でいう「ディドロ効果《こうか》」。文化《ぶんか》人類学者《じんるいがくしゃ》マクラッケンが提唱《ていしょう》しました。理由《りゆう》としては「一貫性《いっかんせい》の原理《げんり》」という心理《しんり》が働《はたら》くためといわれます。私《わたし》たちは自分《じぶん》の行動《こうどう》や発言《はつげん》、態度《たいど》などを「一貫《いっかん》したもの」として示《しめ》したいと思《おも》っています。だから、あなたも同《おな》じキャラクターの商品《しょうひん》で、いろいろそろえたくなってしまうのです。

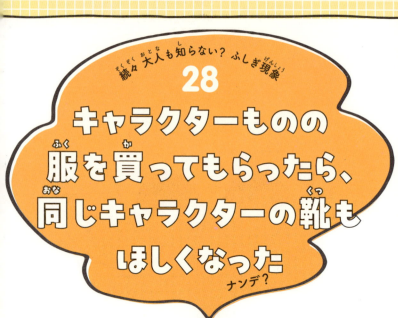

ふしぎ現象《げんしょう》コラム

この現象《げんしょう》の由来《ゆらい》は、18世紀《せいき》の哲学者《てつがくしゃ》ドゥニ・ディドロが友《ゆう》人《じん》から高価《こうか》なガウンをプレゼントされ、それに見合《みあ》うように身《み》の回《まわ》りの物《もの》を新《あたら》しくしたエピソードからです。

続々《ぞくぞく》 大人《おとな》も知《し》らない? ふしぎ現象《げんしょう》

29

セルフレジでもたついていると、後《うし》ろの人《ひと》からのプレッシャーを感《かん》じるナンデ?

それは…

レジ圧《あつ》

小銭《こぜに》やポイントカードがなかなか見《み》つからず、会計《かいけい》に時間《じかん》がかかってしまうと、何《なに》か言《い》われたわけではないのに〝圧《あつ》〟を感《かん》じてしまうことがあります。2020年《ねん》7月《がつ》にレジ袋《ぶくろ》が有料化《ゆうりょうか》されて以来《いらい》、持参《じさん》したエコバッグに買《か》った物《もの》を自分《じぶん》で詰《つ》めなければならなくなって、特《とく》に圧力《あつりょく》を感《かん》じるようになった、と思《おも》う人《ひと》が増《ふ》えたようです。この現象《げんしょう》を「レジ圧《あつ》」といい、テレビやSNS《エスエヌエス》などで紹介《しょうかい》されて反響《はんきょう》を呼《よ》びました。

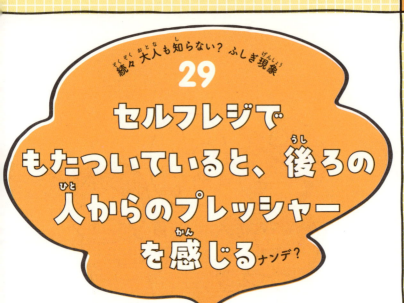

ふしぎ現象《げんしょう》コラム

スーパーなどで、パンのコーナーに立《た》って後《うし》ろを振《ふ》り返《かえ》ると牛乳《ぎゅうにゅう》などの飲《の》み物《もの》が並《なら》んでいたりしませんか？　これは「振《ふ》り返《かえ》りの法則《ほうそく》」というお店《みせ》の作戦《さくせん》で、パンのついでに飲《の》み物《もの》も買《か》ってもらうことを狙《ねら》っているのです。

続々《ぞくぞく》大人《おとな》も知《し》らない？ ふしぎ現象《げんしょう》

30

“映《ば》える”スイーツがあると、食《た》べたい気持《きも》ちよりも、写真《しゃしん》を撮《と》りたくなる！

ナンデ？

それは…

フォトジェニック消費《しょうひ》

写真写《しゃしんうつ》りが良《よ》く、“映《ば》える”かどうかを基準《きじゅん》に物《もの》や体験《たいけん》を買《か》ったりする現象《げんしょう》を「フォトジェニック（写真《しゃしん》映《ば》えする）消費《しょうひ》」といいます。日本《にほん》の広告代理店《こうこくだいりてん》の研究《けんきゅう》チームが提唱《ていしょう》したこの現象《げんしょう》の特徴《とくちょう》は、そのもの自体《じたい》の価値《かち》より、見《み》た目《め》が重視《じゅうし》されていること。そして、他人《たにん》に「どう見《み》せるか」が重要《じゅうよう》だという点《てん》です。あなたもスイーツの写真《しゃしん》を撮《と》って友《とも》だちに見《み》せたら満足《まんぞく》するのではなく、あとでちゃんと食《た》べてくださいね。

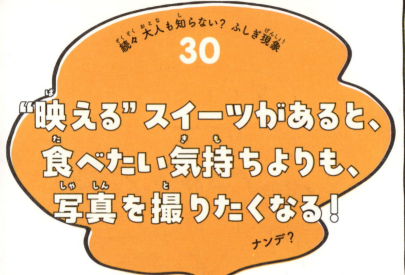

ふしぎ現象《げんしょう》コラム

「消費《しょうひ》」の流行《りゅうこう》は時代《じだい》によって変《か》わってきました。商品《しょうひん》に価値《かち》を求《もと》める「モノ消費《しょうひ》」、体験《たいけん》を重視《じゅうし》する「コト消費《しょうひ》」、そしてこれからは環境保護《かんきょうほご》などの社会貢献《しゃかいこうけん》などを重視《じゅうし》する「イミ消費《しょうひ》」への関心《かんしん》が高《たか》まるのではといわれています。

続々《ぞくぞく》 大人《おとな》も知《し》らない？ ふしぎ現象《げんしょう》

31

お店《みせ》でもらったポイントカードに最初《さいしょ》からスタンプが1個《こ》おしてあった

ナンデ？

それは……

エンダウド・プログレス効果《こうか》

10個《こ》のポイントをためないといけないのに、最初《さいしょ》から1個《こ》のポイントがもらえていると得《とく》した気分《きぶん》になって、このままためていこうと思《おも》いますよね。これは「エンダウド・プログレス（与《あた》えられた進《すす》み具合《ぐあい》）効《こう》果《か》」という現象《げんしょう》で「ゴールに向《む》かって進《すす》んでいる」という実感《じっかん》があれば、やり遂《と》げたいと思《おも》う気持《きも》ちが強《つよ》まる――という人間《にんげん》の心理《しんり》を利用《りよう》したお店《みせ》の戦略《せんりゃく》。カードの形《かたち》で最終目標《さいしゅうもくひょう》が目《め》に見《み》えているのも大《おお》きいのです。

ふしぎ現象《げんしょう》コラム

「エンダウド・プログレス効果《こうか》」はアメリカの行動経済学者《こうどうけいざいがくしゃ》ヌネスとドレーズが2006年《ねん》に発表《はっぴょう》しました。人《ひと》は少《すこ》しでも進《すす》んでいる状態《じょうたい》から始《はじ》めると目標《もくひょう》を達成《たっせい》し、かつ手《て》に入《い》れているメリットを無駄《むだ》にしたくないという心理《しんり》が働《はたら》くのです。

おまけクイズ②

現象《げんしょう》の名前《なまえ》から どんな現象《げんしょう》なのかを当《あ》ててみよう！

Q3

青《あお》い鳥症候群《とりしょうこうぐん》

ヒント

童話劇《どうわげき》『青《あお》い鳥《とり》』の物語《ものがたり》

A 現状《げんじょう》を受《う》け入《い》れず希望《きぼう》に合《あ》う場所《ばしょ》を求《もと》め続《つづ》けること

主《おも》に大人《おとな》が転職《てんしょく》する時《とき》に使《つか》われる言葉《ことば》。童話劇《どうわげき》『青《あお》い鳥《とり》』の幸福《こうふく》は身近《みぢか》にあると気《き》づかない主人公《しゅじんこう》のように、「もっといい仕事《しごと》を」と理想《りそう》の職場《しょくば》を根拠《こんきょ》なく求《もと》めて転職《てんしょく》を繰《く》り返《かえ》す人《ひと》のたとえになりました。

Q4

割《わ》れ窓理論《まどりろん》

ヒント

窓《まど》が割《わ》れている建物《たてもの》のイメージは？

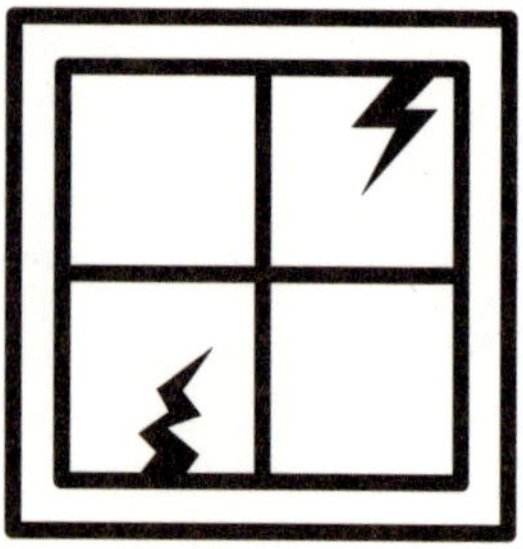

A 小《ちい》さな治安《ちあん》の乱《みだ》れを放置《ほうち》すると犯罪《はんざい》が増《ふ》える

建物《たてもの》の窓《まど》が割《わ》れているのは危《き》険《けん》な状態《じょうたい》ですが、「危険《きけん》な状《じょう》態《たい》がほったらかし＝誰《だれ》もその地域《ちいき》に関心《かんしん》がない」ということになり、凶悪《きょうあく》なものも含《ふく》めた犯罪《はんざい》を引《ひ》きよせる環境《かんきょう》になるといわれています。

イラスト提供／ピクスタ

3 章《しょう》

勉強《べんきょう》のふしぎ編《へん》

続々《ぞくぞく》 大人《おとな》も知《し》らない？ ふしぎ現象《げんしょう》

32

夏《なつ》休《やす》み最後《さいご》の日《ひ》は、やり残《のこ》した宿題《しゅくだい》をいつもより早《はや》くこなせる ナンデ？

それは…

タイムプレッシャー

これは行《おこな》う作業《さぎょう》に時間制限《じかんせいげん》をして脳《のう》に「あせり」を生《しょう》じさせ、いつも以上《いじょう》の集中力《しゅうちゅうりょく》を発揮《はっき》させる「タイムプレッシャー（時間的圧力《じかんてきあつりょく》）」という心理作用《しんりさよう》で、普段《ふだん》の勉強《べんきょう》にも使《つか》えます。たとえば一《ひと》つの宿題《しゅくだい》を終《お》える時間《じかん》を20分《ぷん》と決《き》めてやる——といった感《かん》じです。この時《とき》、制限時間《せいげんじかん》は自分自身《じぶんじしん》で決《き》めた方《ほう》がやる気《き》がなくなりにくいそうです。自分《じぶん》が頑《がん》張《ば》って、ぎりぎりクリアできる時間《じかん》から始《はじ》めてみるのがいいと思《おも》います。

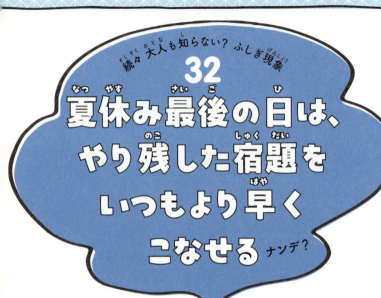

ふしぎ現象《げんしょう》コラム

「タイムプレッシャー」は、その人《ひと》の能力《のうりょく》の範囲内《はんいない》なら効率《こうりつ》が上《あ》がるものの、それを超《こ》えて行《おこな》おうとするとミスの原因《げんいん》に。あまりに無理《むり》な時間設定《じかんせってい》は逆効果《ぎゃくこうか》みたいです。

続々《ぞくぞく》 大人《おとな》も知《し》らない？ ふしぎ現象《げんしょう》

33

勉強《べんきょう》をいつもより頑張《がんば》ったら、その分《ぶん》、ゲームを長時間《ちょうじかん》したくなる ナンデ？

それは…

モラル・ライセンシング

私《わたし》たちには「良《よ》いことをしたら悪《わる》いことをしたくなる」という性質《せいしつ》があります。これを「モラル・ライセンシング」といいます。「モラル」は「道《どう》徳《とく》」、「ライセンシング」は「信用《しんよう》して任《まか》す」という意味《いみ》。「モラル・ライセンシング」は、よほど意識《いしき》の高《たか》い人《ひと》でもない限《かぎ》り誰《だれ》にでも起《お》きてしまう現《げん》象《しょう》です。心理学者《しんりがくしゃ》カーネマンが提唱《ていしょう》したこの状態《じょうたい》を防《ふせ》ぐには、目《め》の前《まえ》の欲《よく》望《ぼう》より、長期的《ちょうきてき》な目線《めせん》での目標達《もくひょうたっ》成《せい》を意識《いしき》しましょう。

ふしぎ現象《げんしょう》コラム

「モラル・ライセンシング」は、実際《じっさい》には「良《よ》いこと」をしていなくても、「良《よ》いことをしたと想像《そうぞう》する」だけで起《お》きたりもするそうです。あと「自分《じぶん》へのごほうび」という考《かんが》えは、危険《きけん》なわなです。

続々《ぞくぞく》 大人《おとな》も知《し》らない？ ふしぎ現象《げんしょう》

34

音楽《おんがく》を聞《き》きながら勉強《べんきょう》すると、集中《しゅうちゅう》できるナンデ？

それは…

マスキング効果《こうか》

勉強《べんきょう》をする時《とき》に音楽《おんがく》をかけると周《まわ》りの音《おと》が気《き》にならなくなり、集中《しゅうちゅう》できることがあります。これは話《はな》し声《ごえ》や雑音《ざつおん》に音楽《おんがく》を被《かぶ》せることによって、周波数《しゅうはすう》が低《ひく》い音《おと》（音楽《おんがく》）が、高《たか》い音《おと》（雑音《ざつおん》）をマスキング（覆《おお》い隠《かく》す）しているから。音楽《おんがく》のみが聞《き》こえる環境《かんきょう》になったことで、頭《あたま》が他《ほか》の雑音《ざつおん》の情報《じょうほう》を処理《しょり》しなくてよくなり、勉強《べんきょう》に集中《しゅうちゅう》できるのです。ただ、この方法《ほうほう》には向《む》き不向《ふむ》きがあり、音楽《おんがく》で集中《しゅうちゅう》できなくなる人《ひと》もいるようです。

ふしぎ現象《げんしょう》コラム

勉強中《べんきょうちゅう》にかける音楽《おんがく》は、歌詞《かし》のある曲《きょく》ではなくヒーリングミュージックやクラシックなど、歌詞《かし》のないものがおすすめ。歌詞《かし》があると、そちらに気《き》を取《と》られてしまうからです。

続々《ぞくぞく》 大人《おとな》も知《し》らない？ ふしぎ現象《げんしょう》

35

授業《じゅぎょう》で先生《せんせい》が生成《せいせい》AI《エーアイ》に『かぐや姫《ひめ》』の内容《ないよう》を質問《しつもん》したらウソだらけだった

ナンデ？

それは…

ハルシネーション

生成《せいせい》ＡＩ《エーアイ》（人工知能《じんこうちのう》）がもっともらしくウソをつく現象《げんしょう》を「ハルシネーション（幻覚《げんかく》）」といいます。「生《せい》成《せい》」とは「新《あたら》しいものを作《つく》り出《だ》す」という意味《いみ》。生成《せいせい》ＡＩ《エーアイ》が集《あつ》めた学習《がくしゅう》データにかたよりや不足《ふそく》があると起《お》こる「ハルシネーション」を完全《かんぜん》に防《ふせ》ぐ方法《ほうほう》は、まだ見《み》つかっていません。「生成《せいせい》ＡＩ《エーアイ》はウソをつく」と思《おも》って、その情報《じょうほう》が真実《しんじつ》かどうかを厳《きび》しくファクトチェックしないと、簡単《かんたん》にだまされてしまいますよ。

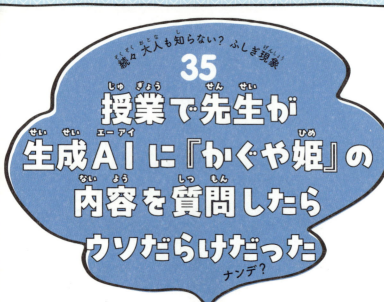

ふしぎ現象《げんしょう》コラム

ファクトチェック（事実確認《じじつかくにん》）の方法《ほうほう》は「だ（誰《だれ》が言《い》った）」「い（いつ言《い》った）」「ふく（複数《ふくすう》の情報《じょうほう》を確《たし》かめる）」の「だ・い・ふく」と覚《おぼ》えておきましょう。

続々《ぞくぞく》大人《おとな》も知《し》らない？ふしぎ現象《げんしょう》

36

本《ほん》を読《よ》んでいる時《とき》、まったく別《べつ》のことを考《かんが》えてしまう！

ナンデ？

それは…

リーキーアテンション

それは「注意《ちゅうい》の切《き》り替《か》え」がうまくできていない「リーキーアテンション（注意力《ちゅういりょく》が漏《も》れる）」という現象《げんしょう》。一生懸命《いっしょうけんめい》に読《よ》んでいるのにつらいですよね。ただノースウェスタン大学《だいがく》が「注意力《ちゅういりょく》と創造力《そうぞうりょく》に関《かん》する実験《じっけん》」を行《おこな》った結果《けっか》、注意力《ちゅういりょく》が低《ひく》い人《ひと》たちの方《ほう》がたくさんのアイデアを出《だ》せる傾向《けいこう》があることがわかったそうです。なので「リーキーアテンション」の人《ひと》は、起業《きぎょう》（新《あたら》しく事業《じぎょう》を始《はじ》める）に向《む》いているともいわれます。

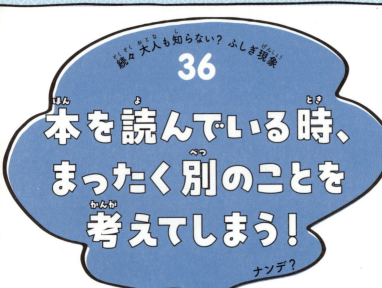

ふしぎ現象《げんしょう》コラム

「リーキーアテンション」は、頭《あたま》の半分《はんぶん》は「目《め》の前《まえ》のこと」に集中《しゅうちゅう》しているのに、残《のこ》り半分《はんぶん》が「別《べつ》のこと」を考《かんが》えている状態《じょうたい》です。映画《えいが》を観《み》ている時《とき》や、会話中《かいわちゅう》にも起《お》こります。

続々《ぞくぞく》 大人《おとな》も知《し》らない？ ふしぎ現象《げんしょう》

37 定規《じょうぎ》を忘《わす》れた友《とも》だちが、下敷《したじ》きを定規代《じょうぎが》わりにしてた！ ナンデ？

それは…

機能的固着《きのうてきこちゃく》

一《ひと》つの物《もの》の使《つか》い方《かた》にとらわれすぎて、他《ほか》の使《つか》い方《かた》に気《き》がつけずに問題《もんだい》が解決《かいけつ》できないことを「機能的固着《きのうてきこちゃく》」といいます。あなたは「下敷《したじ》きはノートの下《した》に敷《し》くもの」としてしか認識《にんしき》していなくて、ふちを使《つか》ってまっすぐな線《せん》を引《ひ》くなどとは思《おも》いつかなかったのですね。「機能的固着《きのうてきこちゃく》」は問題《もんだい》を解決《かいけつ》するための柔軟《じゅうなん》な発想《はっそう》や思考《しこう》を邪魔《じゃま》します。心理学者《しんりがくしゃ》ドゥンカーの、ロウソクを使《つか》った実験《じっけん》（コラム参照《さんしょう》）が有名《ゆうめい》です。

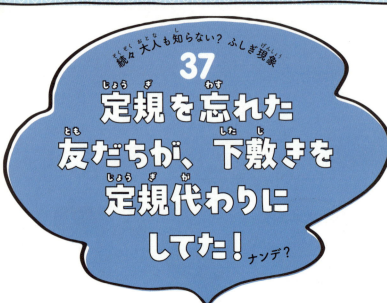

ふしぎ現象《げんしょう》コラム

「ドゥンカーのロウソク問題《もんだい》」とは、用意《ようい》されたロウソク、1箱《はこ》の画鋲《がびょう》、マッチを使《つか》ってコルクボードの壁《かべ》にロウソクを固定《こてい》して火《ひ》をつける、というもの。ただし、溶《と》けたロウが下《した》のテーブルに落《お》ちないようにしなければなりません。

おまけクイズ③

現象《げんしょう》の名前《なまえ》から どんな現象《げんしょう》なのかを当《あ》ててみよう！

Q5

カニンガムの法則《ほうそく》

ヒント

インターネットで
起《お》こりがちなこと

人《ひと》には「間違《まちが》いを正《ただ》さなければ」という気持《きも》ちが働《はたら》きます。つまりインターネットで単《たん》に質問《しつもん》するよりも、わざと間《ま》違《ちが》った答《こた》えを書《か》いて投稿《とうこう》した方《ほう》が、正《ただ》しく直《なお》してくれる人《ひと》が現《あらわ》れる可能性《かのうせい》が高《たか》いのです。

A インターネットで正《ただ》しい答《こた》えを得《え》るために、間違《まちが》ったことを書《か》く

Q6

ミケランジェロ効果《こうか》

ヒント

恋愛《れんあい》に関《かか》わる
心理学《しんりがく》の用語《ようご》だよ

恋人同士《こいびとどうし》は、お互《たが》いがお互《たが》いの考《かんが》える理想《りそう》の姿《すがた》であろうとするもの。なので、相手《あいて》が理《り》想像《そうぞう》に近《ちか》づくための手助《てだす》けもしたくなるようです。芸術《げいじゅつ》家《か》ミケランジェロに由来《ゆらい》する、理想的《りそうてき》な人間関係《にんげんかんけい》ですね。

A 恋人同士《こいびとどうし》がお互《たが》いの理想像《りそうぞう》に向《む》かうように手助《てだす》けすること

イラスト提供／ピクスタ

4章《しょう》

自然《しぜん》・動物《どうぶつ》のふしぎ編《へん》

続々《ぞくぞく》 大人《おとな》も知《し》らない？ ふしぎ現象《げんしょう》

38

家族《かぞく》で海《うみ》に行《い》ったら、いつの間《ま》にか海《うみ》の中《なか》に島《しま》につながる道《みち》ができてた

ナンデ？

それは…

トンボロ現象《げんしょう》

海《うみ》の干潮時《かんちょうじ》に潮《しお》が引《ひ》いて、それまではなかった道《みち》が現《あらわ》れ、島《しま》と陸地《りくち》がつながることを「トンボロ（陸繋砂《りくけいさ》州《す》）現象《げんしょう》」といいます。島《しま》があると、波《なみ》はその周《まわ》りを回《まわ》り込《こ》むように起《お》こり、その際《さい》、砂《すな》も一緒《いっしょ》に運《はこ》びます。この砂《すな》が島《しま》と陸《りく》との間《あいだ》にたまり、他《ほか》の場所《ばしょ》より浅《あさ》くなると、道《みち》ができます。「トンボロ現象《げんしょう》」は国内外《こくないがい》のいろいろな場所《ばしょ》で見《み》られますが、特《とく》にフランスにある世界遺産《せかいいさん》の島《しま》モン・サン＝ミッシェルが有名《ゆうめい》です。

ふしぎ現象《げんしょう》コラム

「日本三大《にほんさんだい》トンボロ」といわれているのが函館《はこだて》（北海道《ほっかいどう》）、串本《くしもと》（和歌山県《わかやまけん》）、甑島《こしきしま》の“里集落《さとしゅうらく》”（鹿児島県《かごしまけん》）です。「トンボロ」は「土手《どて》」を意味《いみ》するラテン語《ご》を由来《ゆらい》とするイタリア語《ご》です。

写真提供／ピクスタ

続々《ぞくぞく》 大人《おとな》も知《し》らない？ ふしぎ現象《げんしょう》

39

お父《とう》さんの古《ふる》いデジタルカメラで夕焼《ゆうや》けを撮《と》ったら、全部《ぜんぶ》の写真《しゃしん》に線《せん》が写《うつ》ってた

ナンデ？

それは…

スミア現象《げんしょう》

強《つよ》い光《ひかり》を放《はな》つものを撮影《さつえい》した時《とき》に、左《ひだり》の写真《しゃしん》のように線《せん》が入《はい》ることを「スミア現象《げんしょう》」といいます。この現象《げんしょう》は古《ふる》いタイプのイメージセンサー（カメラのレンズから取《と》り込《こ》んだ光《ひかり》を電《でん》気信号《きしんごう》に変換《へんかん》する部分《ぶぶん》）を使用《しよう》しているカメラで起《お》き、現在《げんざい》売《う》られているカメラの多《おお》くでは起《お》こりにくいそうです。もしその古《ふる》いデジタルカメラを使《つか》うなら、直射日光《ちょくしゃにっこう》が当《あ》たる場所《ばしょ》や、周《まわ》りよりも極端《きょくたん》に明《あか》るいものを撮影《さつえい》する時《とき》には注意《ちゅうい》しましょう。

※写真はイメージです

ふしぎ現象《げんしょう》コラム

「スミア」は「染《し》み」「汚《よご》れ」という意味《いみ》の英語《えいご》です。アニメでは効果的《こうかてき》な表現方法《ひょうげんほうほう》として、あえて「スミア現象《げんしょう》」を描《えが》くこともあるみたいです。

続々《ぞくぞく》 大人《おとな》も知《し》らない? ふしぎ現象《げんしょう》

40

雨《あめ》の日《ひ》に、ふしぎなにおいがする ナンデ?

それは…

ペトリコール

お天気《てんき》が悪《わる》い日《ひ》に、においで雨降《あめふ》りに気《き》づくことがあります。そのにおいのことを「ペトリコール（石《いし》のエッセンス）」と、鉱物学者《こうぶつがくしゃ》のベアーとトーマスが名付《なづ》けました。この現《げん》象《しょう》は雨水《あまみず》にカビやほこりがまじり、そのにおいの成分《せいぶん》がアスファルトの熱《ねつ》で気体《きたい》になったために起《お》きます。時々《ときどき》、雨《あめ》が降《ふ》りだす前《まえ》にこのにおいのすることがありますが、それは雨《あめ》が降《ふ》っている場所《ばしょ》のにおいが風《かぜ》などで運《はこ》ばれてきたと考《かんが》えられます。

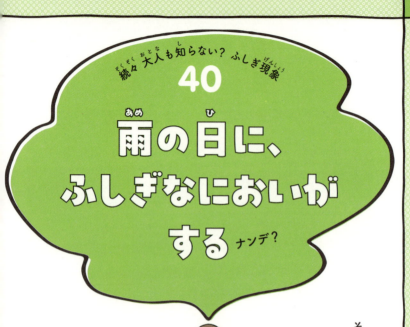

ふしぎ現象《げんしょう》コラム

「ペトリコール」とは別《べつ》に、雨上《あめあ》がりのにおいもあります。それは「ゲオスミン（大地《だいち》のにおい）」といい、土《つち》の中《なか》のバクテリアなどによって作《つく》られるカビのようなにおいです。

続々《ぞくぞく》 大人《おとな》も知《し》らない？ ふしぎ現象《げんしょう》

41
うちの猫《ねこ》のお腹《なか》が、太《ふと》っているわけでもないのにとってもたるんでる

ナンデ？

それは……

プライモーディアルポーチ

実《じつ》はその部位《ぶい》はあなたの猫《ねこ》だけでなく、たいていの猫《ねこ》はたるんでいます。そのたるんでいる部位《ぶい》には「プライモーディアル（原始的《げんしてき》な）ポーチ（袋《ふくろ》）」という名前《なまえ》があるのです。これは猫《ねこ》の正常《せいじょう》な構造《こうぞう》で、猫同士《ねこどうし》のケンカでお腹《なか》への攻撃《こうげき》から身《み》を守《まも》るためとか、後《うし》ろ足《あし》を俊敏《しゅんびん》に動《うご》かす時《とき》に皮膚《ひふ》がつっぱらないようにするためとか、エサをまとめ食《ぐ》いする時《とき》の余裕《よゆう》のため、などの仮説《かせつ》があります。虎《とら》などの他《ほか》のネコ科《か》にもあります。

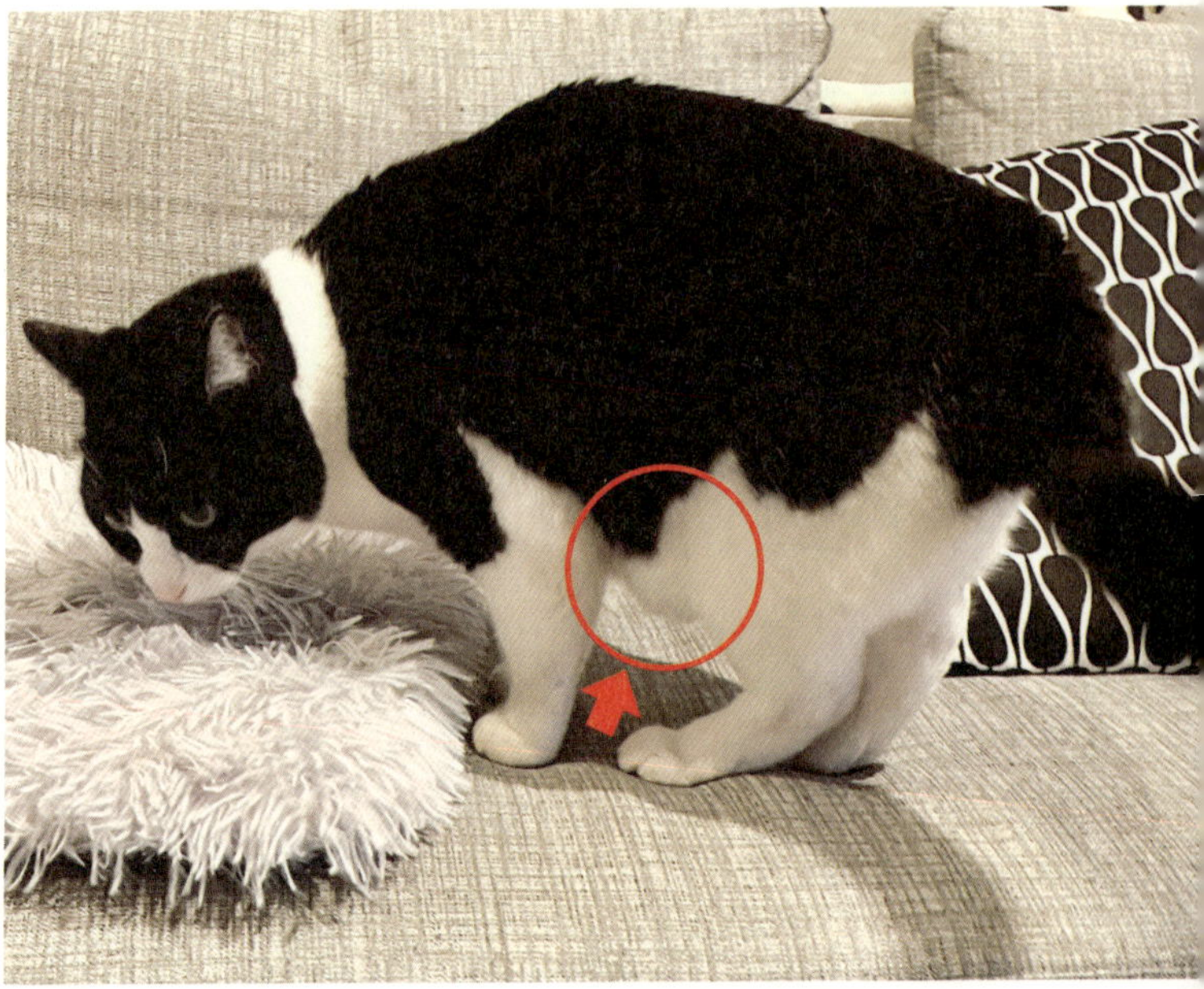

ふしぎ現象《げんしょう》コラム

「プライモーディアルポーチ」は基本《きほん》、皮《かわ》だけなのですが、触《さわ》った時《とき》に脂肪《しぼう》があったり、猫《ねこ》を真上《まうえ》から見《み》た時《とき》に腰《こし》にくびれがなかったら肥満《ひまん》によるたるみかもしれません。心配《しんぱい》なら獣医《じゅうい》さんに相談《そうだん》してください。

続々《ぞくぞく》 大人《おとな》も知《し》らない？ ふしぎ現象《げんしょう》

42

大好《だいす》きなクマのぬいぐるみを力《ちから》いっぱい抱《だ》きしめちゃう ナンデ？

それは……

キュートアグレッション

かわいいものを目《め》の前《まえ》にした時《とき》に、しめつけたり食《た》べたくなったりする（害《がい》を与《あた》える気持《きも》ちはない）心《こころ》の強《つよ》い動《うご》きのことを、心理学者《しんりがくしゃ》のダイヤーとアラゴンは「キュートアグレッション（かわいいものへの攻撃性《こうげきせい》）」と名付《なづ》けました。この現象《げんしょう》が起《お》きる原因《げんいん》には諸説《しょせつ》あるようですが、かわいいものを見《み》ると分泌《ぶんぴつ》されるドーパミンという脳内物質《のうないぶっしつ》が攻撃的《こうげきてき》になった時《とき》にも出《で》るため、脳《のう》が勘違《かんちが》いするからでは、といわれています。

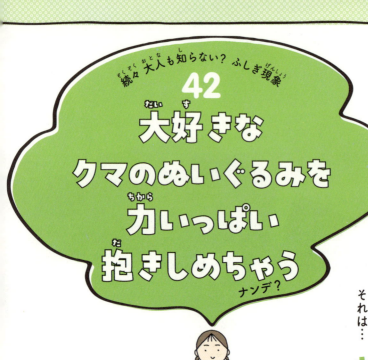

ふしぎ現象《げんしょう》コラム

一般的《いっぱんてき》な「キュートアグレッション」は、対象《たいしょう》を傷《きず》つけないよう自分《じぶん》をコントロールできます。もし、ぬいぐるみを壊《こわ》してしまうほどの破壊衝動《はかいしょうどう》が抑《おさ》えられなくなったら、お医者《いしゃ》さんに相談《そうだん》してみてください。

続々《ぞくぞく》 大人《おとな》も知《し》らない？ ふしぎ現象《げんしょう》

43

雨《あめ》も降《ふ》っていないのに、まっすぐな虹《にじ》が見《み》えた！

ナンデ？

それは…

環水平《かんすいへい》アーク

それは虹《にじ》ではなく「環水平《かんすいへい》アーク」の可能性《かのうせい》があります。「環水平《かんすいへい》アーク」とは雲《くも》の中《なか》にある氷《こおり》の粒《つぶ》に光《ひかり》が当《あ》たって屈折《くっせつ》することで帯状《おびじょう》の虹色《にじいろ》の光線《こうせん》が見《み》える現象《げんしょう》。出《で》るのはたいてい太陽《たいよう》の位置《いち》が高《たか》い４～９月《がつ》の昼《ひる》前後《ぜんご》です。虹《にじ》との大《おお》きな違《ちが》いは、虹《にじ》は太陽《たいよう》と反対側《はんたいがわ》にできるのに対《たい》して「環水平《かんすいへい》アーク」は太陽《たいよう》の下《した》にできます。「彩雲《さいうん》」という似《に》た現象《げんしょう》がありますが、こちらは形《かたち》が不規則《ふきそく》で、季《き》節《せつ》に関係《かんけい》なく見《み》ることができます。

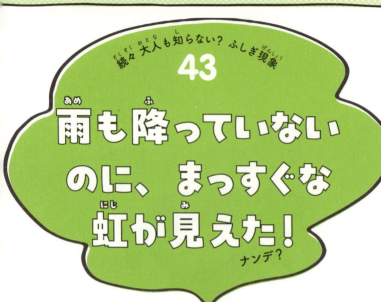

ふしぎ現象《げんしょう》コラム

「環水平《かんすいへい》アーク」は、めったに見《み》ることができないため「幸《こう》運《うん》を呼《よ》ぶ虹《にじ》」ともいわれます。ただ、お天気的《てんきてき》には下《くだ》り坂《ざか》になることが多《おお》いそうです。

写真提供／ピクスタ

続々《ぞくぞく》 大人《おとな》も知《し》らない？ ふしぎ現象《げんしょう》

44

鳥《とり》のグループがV字《ブイじ》の形《かたち》で飛《と》んでいた

ナンデ？

それは…

雁行《がんこう》

鳥《とり》の雁《がん》がその形《かたち》で飛《と》ぶことを「雁《がん》行《こう》」といいます。理由《りゆう》はエネルギーの節約《せつやく》。雁《がん》は渡《わた》り鳥《どり》なので、長距離《ちょうきょり》を飛《と》んで移動《いどう》しなければなりません。鳥《とり》は翼《つばさ》を上下《じょうげ》に動《うご》かして空気《くうき》を押《お》し、飛行《ひこう》します。この時《とき》に生《う》まれた上《じょう》昇気流《しょうきりゅう》に乗《の》ると、斜《なな》め後《うし》ろの鳥《とり》は少《すく》ないエネルギーで飛《と》ぶことができるのです。ただ、それだと先頭《せんとう》が一《いち》番《ばん》、体力《たいりょく》を消耗《しょうもう》してしまうので、時々《ときどき》、交代《こうたい》します。こうやって協《きょう》力《りょく》し合《あ》って雁《がん》は空《そら》を行《い》くのです。

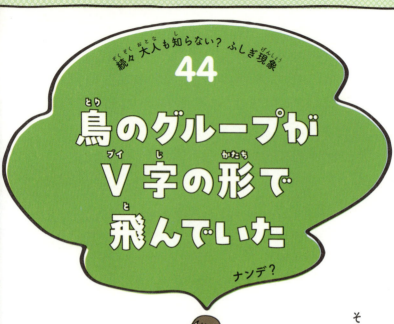

ふしぎ現象《げんしょう》コラム

雁《がん》は秋《あき》に渡《わた》ってきて、日本《にほん》で冬《ふゆ》を過《す》ごします。そのため「雁《がん》行《こう》」は秋《あき》〜冬《ふゆ》の風物詩《ふうぶつし》でもあります。「雁《がん》」「雁《かり》」「雁渡《かりわた》る」という言葉《ことば》は秋《あき》の季語《きご》にもなっています。

写真提供／ピクスタ

続々《ぞくぞく》 大人《おとな》も知《し》らない? ふしぎ現象《げんしょう》

45

夜《よる》、車《くるま》に乗《の》っている時《とき》、遠《とお》くにライトがあると思《おも》ったら動物《どうぶつ》の目《め》だった

ナンデ?

それは…

タペタムがあるから

ライトに照《て》らされた動物《どうぶつ》の目《め》が光《ひか》るのは、網膜《もうまく》の後《うし》ろに「タペタム」という夜行性動物特有《やこうせいどうぶつとくゆう》の反射板《はんしゃばん》があるから。目《め》に入《はい》った光《ひかり》を「タペタム」が増幅《ぞうふく》し網膜《もうまく》に反射《はんしゃ》させ、暗《くら》い中《なか》でも視界《しかい》を明《あか》るく見《み》えやすくしているのです。「タペタム」は犬《いぬ》、猫《ねこ》、ネズミ、鹿《しか》、たぬきなども持《も》っています。またイルカや深海魚《しんかいぎょ》などにも「タペタム」があります。ちなみに、人間《にんげん》の目《め》にはタペタムがないので、暗闇《くらやみ》の中《なか》でも光《ひか》りません。

ふしぎ現象《げんしょう》コラム

カメラ撮影《さつえい》でフラッシュを焚《た》いた時《とき》に人間《にんげん》の目《め》が赤《あか》く光《ひか》って写《うつ》ることを「赤目現象《あかめげんしょう》」といいます。目《め》が入《はい》ってくる光《ひかり》を調《ちょう》整《せい》する前《まえ》にフラッシュが焚《た》かれると、目《め》の奥《おく》の毛細血管《もうさいけっかん》が写《うつ》って赤《あか》く見《み》えることからです。

写真提供／ピクスタ

おまけクイズ④

現象《げんしょう》の名前《なまえ》から どんな現象《げんしょう》なのかを当《あ》ててみよう！

Q7

ストレス・パラドックス

ヒント

「パラドックス」は「逆説《ぎゃくせつ》」という意味《いみ》だよ

A ストレスがない方《ほう》が幸《しあわ》せ——とは限《かぎ》らない現象《げんしょう》

「ストレス＝悪《あく》」というイメージですが、必《かなら》ずしもそうではなく、ストレスに敏感《びんかん》な人《ひと》は、その分《ぶん》、幸福感《こうふくかん》も感《かん》じやすいそう。ストレスがあるということは、それだけ充実《じゅうじつ》しているといえるのかも。

Q8

偽《いつわ》りの希望《きぼう》シンドローム

ヒント

心理学《しんりがく》に関《かか》わる用語《ようご》だよ！

A 無理《むり》な目標《もくひょう》を決《き》めてしまい、結果《けっか》につながらないこと

無理《むり》な勉強《べんきょう》の目標《もくひょう》を立《た》てたら、それを達成《たっせい》できなくて当然《とうぜん》です。でも目標《もくひょう》を立《た》てた時《とき》に脳《のう》は無意識《むいしき》に「達成《たっせい》した姿《すがた》」を想像《そうぞう》してしまい、満足《まんぞく》を感《かん》じます。決意《けつい》しただけで満足《まんぞく》する、恐《おそ》ろしい現象《げんしょう》です。

イラスト提供／ピクスタ

5章《しょう》

世《よ》の中《なか》のふしぎ編《へん》

続々《ぞくぞく》 大人《おとな》も知《し》らない? ふしぎ現象《げんしょう》

46

自分《じぶん》は自転車《じてんしゃ》の運転《うんてん》が人《ひと》より上手《うま》いと思《おも》っていたら、友《とも》だちみんな自転車《じてんしゃ》に自信《じしん》を持《も》っていた

ナンデ?

それは…

優越《ゆうえつ》の錯覚《さっかく》

私《わたし》たちは誰《だれ》しも「自分《じぶん》は平均《へいきん》より優《すぐ》れている」と思《おも》い込《こ》みがちです。これを心理学《しんりがく》で「優越《ゆうえつ》の錯覚《さっかく》」といいます。「優越《ゆうえつ》」とは「他《ほか》よりも優《すぐ》れている」こと。多《おお》くの心理学研究《しんりがくけんきゅう》では「優越《ゆうえつ》の錯覚《さっかく》」は健康《けんこう》な心《こころ》の証《あかし》だとされています。なぜなら、自分《じぶん》を肯定《こうてい》的《てき》に捉《とら》えることで目標《もくひょう》に向《む》かえたり、明《あか》るい未来《みらい》を思《おも》い描《えが》いたりできるから。ただし、過剰《かじょう》な優越感《ゆうえつかん》は無謀《むぼう》な行動《こうどう》につながることもあるので注意《ちゅうい》が必要《ひつよう》。自転車《じてんしゃ》は安全運転《あんぜんうんてん》で。

ふしぎ現象《げんしょう》コラム

「優越《ゆうえつ》の錯覚《さっかく》」がなぜ生《しょう》じるのかは長《なが》らく不明《ふめい》でしたが、日《に》本《ほん》の放射線医学総合研究所《ほうしゃせんいがくそうごうけんきゅうじょ》が2013年《ねん》に、脳内《のうない》メカニズムがこの錯覚《さっかく》に関係《かんけい》していることを発見《はっけん》しました。

続々《ぞくぞく》 大人《おとな》も知《し》らない？ ふしぎ現象《げんしょう》

47
テストの点数《てんすう》アップの例《れい》がたくさん載《の》っている塾《じゅく》のチラシは、なんだか信用《しんよう》できそうだ

ナンデ？

それは…

ナンセンスな数式効果《すうしきこうか》

ただ文章《ぶんしょう》だけの説明《せつめい》よりも、そこに具体的《ぐたいてき》な数字《すうじ》が含《ふく》まれている方《ほう》が、説得力《せっとくりょく》が増《ま》すように思《おも》えます。驚《おどろ》きなのが、たとえその数字《すうじ》がまったく無意味《むいみ》だとしても、私《わたし》たちは信頼《しんらい》してしまうというのです。これを「ナンセンス（無意味《むいみ》）な数式効果《すうしきこうか》」といいます。特《とく》に普段《ふだん》から数字《すうじ》になじみのない人《ひと》ほど、数字《すうじ》が交《まじ》えてあるだけで「難解《なんかい》で専門的《せんもんてき》だ」と思《おも》ってしまうため、この傾向《けいこう》が強《つよ》くなるそうです。

ふしぎ現象《げんしょう》コラム

テレビやインターネットで数字《すうじ》を例《れい》に出《だ》す人《ひと》が説得力《せっとくりょく》があるように見《み》えるのも同《おな》じ効果《こうか》です。逆《ぎゃく》に、何《なに》か自分《じぶん》の説《せつ》に説得《せっとく》力《りょく》を持《も》たせたい時《とき》にも「ナンセンスな数式効果《すうしきこうか》」は有効《ゆうこう》ですね。

続々《ぞくぞく》 大人《おとな》も知《し》らない？ ふしぎ現象《げんしょう》

48

友《とも》だちとの待《ま》ち合《あ》わせ、寝《ね》坊《ぼう》したわけでもないのに遅《ち》刻《こく》しそう

ナンデ？

それは…

計画錯誤《けいかくさくご》

心理学者《しんりがくしゃ》のカーネマンは「人《ひと》は計《けい》画《かく》を立《た》てる時《とき》にたいてい、一番《いちばん》、順《じゅん》調《ちょう》なシナリオをもとにする」と考《かんが》え、この現象《げんしょう》を「計画錯誤《けいかくさくご》」と名《な》付《づ》けました。私《わたし》たちは作業《さぎょう》にかかる時間《じかん》をかなり短《みじか》く見積《みつ》もる傾向《けいこう》があるようで、結果的《けっかてき》に計画《けいかく》どおりにならないのです。これは過去《かこ》に同《おな》じ経験《けいけん》をしていても起《お》こり、また個人《こじん》の性格《せいかく》に左右《さゆう》されないことも確認《かくにん》されているのだとか。計画《けいかく》には1・5倍《ばい》ぐらいの余裕《よゆう》が必要《ひつよう》かもしれません。

ふしぎ現象《げんしょう》コラム

「計画錯誤《けいかくさくご》」を防《ふせ》ぐには、いくつか「成功以外《せいこういがい》のシナリオ」も想定《そうてい》しておいた方《ほう》がいいようです。そして「成功《せいこう》のシナリオ」から外《はず》れてきたら、すぐ修正《しゅうせい》できるように心《こころ》がけるのです。

続々《ぞくぞく》大人《おとな》も知《し》らない？ふしぎ現象《げんしょう》

49

親《おや》や先生《せんせい》に意見《いけん》したら、「その言《い》い方《かた》はなんだ！」としかられて、話《はなし》を聞《き》いてもらえなかった

ナンデ？

それは…

トーンポリシング

意見《いけん》や主張《しゅちょう》そのものではなく、話《はな》し方《かた》や態度《たいど》を批判《ひはん》し、論点《ろんてん》をずらすことを「トーンポリシング（話《はな》し方《かた》を取《と》り締《し》まる）」といいます。意見《いけん》された方《ほう》が自分《じぶん》の立場《たちば》を守《まも》りたいから、もしくは意見《いけん》を受《う》け入《い》れたくないという気持《きも》ちから「トーンポリシング」を起《お》こすとされています。だから、先生《せんせい》や親《おや》に向《む》かって「トーンポリシングだ！」と指摘《してき》すると、ますます怒《おこ》って話《はなし》を聞《き》いてもらえなくなることがあるので、気《き》をつけましょう。

ふしぎ現象《げんしょう》コラム

「Tone《トーン》（話《はな》し方《かた》）」を「Policing《ポリシング》（取《と》り締《し》まる）」ので、「話《はな》し方警察《かたけいさつ》」といわれることも。2000年代初頭《ねんだいしょとう》から、主《おも》にインターネットでよく使《つか》われるようになりました。

続々《ぞくぞく》 大人《おとな》も知《し》らない？ ふしぎ現象《げんしょう》

50

泣《な》くのを我慢《がまん》していた弟《おとうと》に「泣《な》かなくてえらいね」と声《こえ》をかけたとたん、泣《な》きだした

ナンデ？

それは…

ラストストロー現象《げんしょう》

アラビアのことわざ「ラクダの背《せ》骨《ぼね》を折《お》るのは最後《さいご》のわら（ぎりぎりまで荷物《にもつ》を積《つ》んだラクダの背《せ》にわらを1本《ぽん》載《の》せたらラクダが崩《くず》れ落《お》ちた）」に由来《ゆらい》する英語《えいご》が、「ラストストロー（最後《さいご》のわら）」。「我慢《がまん》の限界《げんかい》」を意味《いみ》する言葉《ことば》です。そこから、限《げん》度《ど》まで押《お》し殺《ころ》した感情《かんじょう》などがささいなきっかけで暴発《ぼうはつ》することを「ラストストロー現象《げんしょう》」といいます。あなたの弟《おとうと》も、あなたの優《やさ》しい言葉《ことば》で我《が》慢《まん》ができなくなったのでしょう。

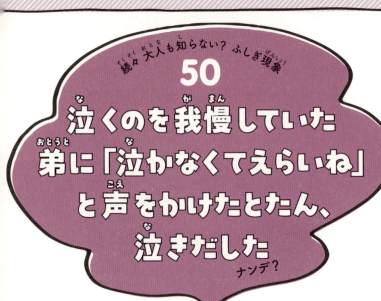

ふしぎ現象《げんしょう》コラム

「泣《な》く」ことによって、脳《のう》は緊張《きんちょう》やストレスからリラックスする方向《ほうこう》へスイッチを切《き》り替《か》えることが研究《けんきゅう》でわかっているそうです。ストレス解消《かいしょう》のため意識的《いしきてき》に泣《な》く「涙活《るいかつ》」というのもあります。

続々《ぞくぞく》 大人《おとな》も知《し》らない？ ふしぎ現象《げんしょう》

51

久《ひさ》しぶりに使《つか》おうと思《おも》った粘着《ねんちゃく》テープの芯《しん》が、押《お》し出《だ》されてずれている

ナンデ？

それは…

タケノコ現象《げんしょう》

買《か》った時《とき》には側面《そくめん》がきっちりそろっていた粘着《ねんちゃく》テープが、いつの間《ま》にか、まるでタケノコのように芯《しん》から盛《も》り上《あ》がった形《かたち》になることがあります。これが「タケノコ現象《げんしょう》」。粘《ねん》着《ちゃく》テープは温度《おんど》や湿度《しつど》、時間《じかん》の経過《けいか》で縮《ちぢ》むことがあります。すると芯《しん》に近《ちか》い内側《うちがわ》に力《ちから》がかかり、テープの芯《しん》とその回《まわ》りのテープが飛《と》び出《だ》してきてしまうのです。テープを平《たい》らな場《ば》所《しょ》に置《お》き、上《うえ》から本《ほん》などの重《おも》しを載《の》せると直《なお》すことができますよ。

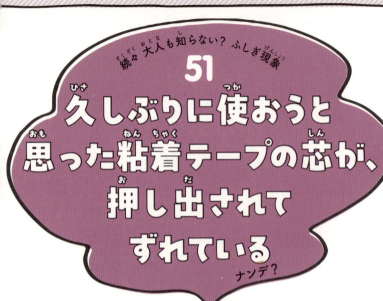

ふしぎ現象《げんしょう》コラム

「タケノコ現象《げんしょう》」は、別名《べつめい》を「クリープ現象《げんしょう》」とも。「クリープ」とは「忍《しの》び寄《よ》る」という意味《いみ》で、知《し》らないうちに徐々《じょじょ》に材料《ざいりょう》などが変形《へんけい》していくことから付《つ》いた現象名《げんしょうめい》です。

続々《ぞくぞく》 大人《おとな》も知《し》らない? ふしぎ現象《げんしょう》

52

画面《がめん》に触《ふ》れていないのに、スマートフォンに文字《もじ》が打《う》ち込《こ》まれたり、アプリが起動《きどう》したりする

ナンデ?

それは…

ゴーストタッチ

まるで幽霊《ゆうれい》のしわざに思《おも》えるため「ゴースト(幽霊《ゆうれい》)タッチ」と呼《よ》ばれるこの現象《げんしょう》。勝手《かって》に広告《こうこく》などを開《ひら》かれると怖《こわ》いし、迷惑《めいわく》ですよね。理由《りゆう》は液晶画面《えきしょうがめん》や保護《ほご》フィルムの汚《よご》れだったり、ソフトウエアの不具合《ふぐあい》、ウイルスに感染《かんせん》、スマートフォン本《ほん》体《たい》が高熱《こうねつ》になったための熱暴走《ねつぼうそう》、液《えき》晶画面《しょうがめん》の破損《はそん》——などがあるようです。場合《ばあい》によっては日常生活《にちじょうせいかつ》に影《えい》響《きょう》が出《で》るので、早《はや》めに原因《げんいん》を見極《みきわ》めて対処《たいしょ》しましょう。

ふしぎ現象《げんしょう》コラム

「ゴーストタッチ」はいつ起《お》こるかわかりません。万《まん》が一《いち》の時《とき》、困《こま》るのはスマートフォンの中《なか》のデータが使《つか》えなくなること。データのバックアップは、こまめにしておきましょう。

続々《ぞくぞく》 大人《おとな》も知《し》らない? ふしぎ現象《げんしょう》

53

テレビで「健康《けんこう》にいい」と紹介《しょうかい》された食《た》べ物《もの》を、必《かなら》ず親《おや》が買《か》ってくる

ナンデ?

それは…

フードファディズム

食《た》べ物《もの》の栄養《えいよう》や健康《けんこう》に与《あた》える影響《えいきょう》を、科学《かがく》に関係《かんけい》なく過大《かだい》に信《しん》じたり期待《きたい》したりするのが「フードファディズム（流行《りゅうこう》の食《た》べ物《もの》かぶれ）」です。アメリカの数学者《すうがくしゃ》ガードナーが提《てい》唱《しょう》しました。メディアで「○○を食《た》べると病気《びょうき》が治《なお》る」「△△を食《た》べると健康《けんこう》に悪《わる》い」と紹介《しょうかい》されて、それを信《しん》じたみんなの食生活《しょくせいかつ》が乱《みだ》れると、最悪《さいあく》、健康被害《けんこうひがい》が起《お》こります。特《とく》に子《こ》どもは多彩《たさい》な食《た》べ物《もの》をバランス良《よ》くとるのが大切《たいせつ》。気《き》をつけましょう。

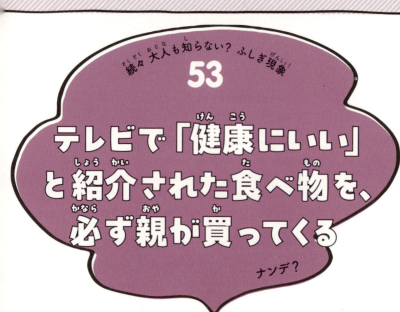

ふしぎ現象《げんしょう》コラム

「フードファディズム」にならないためには、「食《しょく》」や「健《けん》康《こう》」に関《かん》する正《ただ》しい知識《ちしき》を持《も》つことが重要《じゅうよう》です。またメディアからの情報《じょうほう》を簡単《かんたん》に信《しん》じないで「科学的《かがくてき》に本当《ほんとう》か？」などを複数《ふくすう》の方法《ほうほう》で確認《かくにん》しましょう。

続々《ぞくぞく》 大人《おとな》も知《し》らない？ ふしぎ現象《げんしょう》

54

友《とも》だちから「A《エー》型《がた》だから、しっかりしてるね」と言《い》われて、弱《よわ》音《ね》をはけなくなった

ナンデ？

それは…

ラベリング効果《こうか》

「あなたって〇〇だよね」と決《き》めつけられ、その言葉《ことば》に影響《えいきょう》を受《う》けてしまうことを「ラベリング（イメージをはりつける）効果《こうか》」といいます。アメリカの社会学者《しゃかいがくしゃ》ベッカーが提《てい》唱《しょう》した「ラベリング理論《りろん》」に由来《ゆらい》する現象《げんしょう》です。私《わたし》たちは「ラベリング」されると、その方向《ほうこう》に誘導《ゆうどう》されやすくなります。プラスに働《はたら》けばいいのですが、無理《むり》をすることになったら大変《たいへん》ですよね。そんな時《とき》は、自分《じぶん》に新《あたら》しい「ラベル」をはってみてください。

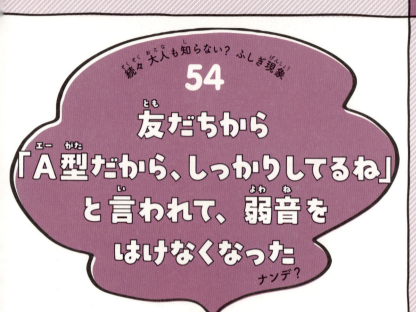

ふしぎ現象《げんしょう》コラム

血液型《けつえきがた》と性格《せいかく》の関連性《かんれんせい》については否定的《ひていてき》な研究成果《けんきゅうせいか》が多《おお》く、今《いま》のところ科学的《かがくてき》な根拠《こんきょ》は見《み》いだせていないようです。なので血液型占《けつえきがたうらな》いなどは、深刻《しんこく》に受《う》け止《と》めなくて大丈夫《だいじょうぶ》です。

続々《ぞくぞく》 大人《おとな》も知《し》らない? ふしぎ現象《げんしょう》

55

インターネットでは、失言《しつげん》を取《と》り消《け》そうとするほど拡散《かくさん》される

ナンデ?

それは…

ストライサンド効果《こうか》

誰《だれ》かがインターネットで失言《しつげん》した時《とき》、すぐにまずいと気《き》づきその発言《はつげん》を削除《さくじょ》したとしても、別《べつ》の誰《だれ》かが必《かなら》ずスクリーンショットを撮《と》っていて、結局《けっきょく》、拡散《かくさん》されるはめに。人《ひと》は、何《なに》かの情報《じょうほう》が削除《さくじょ》されたり、隠《かく》されたりすると、余計《よけい》にその情報《じょうほう》を知《し》りたくなってしまう習性《しゅうせい》があるといいます。その結果《けっか》、隠《かく》したいことほど拡《かく》散《さん》されてしまうのです。これを「ストライサンド効果《こうか》」と呼《よ》びます。

ふしぎ現象《げんしょう》コラム

「ストライサンド効果《こうか》」は、アメリカの歌手《かしゅ》バーブラ・ストライサンドが、自宅《じたく》の写《うつ》っているネット上《じょう》の写真《しゃしん》の公開《こうかい》を差《さ》し止《と》める裁判《さいばん》をしたところ、逆《ぎゃく》に関心《かんしん》を集《あつ》めてしまったことに由来《ゆらい》しています。

続々《ぞくぞく》大人《おとな》も知《し》らない？ ふしぎ現象《げんしょう》

56

鏡《かがみ》を２枚《まい》向《む》かい合《あ》わせると、その鏡《かがみ》の中《なか》に無限《むげん》に鏡《かがみ》が見《み》える

ナンデ？

それは…

ドロステ効果《こうか》

１枚《まい》の絵《え》の中《なか》に、その絵《え》とまったく同《おな》じ小《ちい》さな絵《え》が描《えが》かれ、それが繰《く》り返《かえ》されていく特殊《とくしゅ》なイメージ効果《こうか》のことを「ドロステ効果《こうか》」といいます。「ドロステ」とはオランダにあるココアを販売《はんばい》していた会社《かいしゃ》のこと。商品《しょうひん》のパッケージに、そのココアの箱《はこ》とそれを持《も》っている女性《じょせい》が描《えが》かれていて、その女性《じょせい》が持《も》っている箱《はこ》には同《おな》じ絵《え》が描《えが》かれていて――と果《は》てしなく続《つづ》いていく表現《ひょうげん》から、こう名《な》付《づ》けられたといわれています。

ふしぎ現象《げんしょう》コラム

「ドロステ効果《こうか》」はビデオでも可能《かのう》です。ビデオカメラをモニターに接続《せつぞく》して、今撮《いまと》っている映像《えいぞう》が映《うつ》ったモニター画面《がめん》をそのカメラで捉《とら》えると、合《あ》わせ鏡《かがみ》のような現象《げんしょう》を見《み》ることができます。

イラスト★大《おお》田《た》垣《がき》晴《せい》子《こ》

1969年、神奈川県生まれ。イラストレーター・画文家。武蔵野美術大学空間演出デザイン科ファッションデザインコース修了。イラストとエッセイが融合した“画文”というスタイルを確立し、新聞や雑誌、広告などで活躍。著作に『ことことわざおのことわざ劇場』（メディアファクトリー）、『徒然絵つづり 百人一首』（幻冬舎）、『東京　ぶらぶら親子さんぽ』（交通新聞社）など多数。

大人《おとな》も知《し》らない？　続々《ぞくぞく》ふしぎ現象《げんしょう》事典《じてん》

2025年 3月17日　初版発行

編者	「ふしぎ現象《げんしょう》」研究会《けんきゅうかい》
発行人	子安喜美子
発　行	株式会社マイクロマガジン社
	〒104-0041　東京都中央区新富 1-3-7　ヨドコウビル
	TEL.03-3206-1641　FAX.03-3551-1208（営業部）
	TEL.03-3551-9564　FAX.03-3551-9565（編集部）
	https://micromagazine.co.jp
印刷製本	株式会社光邦
編集担当	太田和夫

企画・制作	micro fish
構成・文	須川奈津江
イラスト	大田垣晴子
カバー・本文デザイン	平林亜紀（micro fish）
校正	芳賀恵子

ISBN978-4-86716-726-7　C8081